하늘 종지기

제11회 한국 크리스챤 문학상
제28회 크리스챤 신인 문예상
수상 작품집

하늘 종지기

2008 크리스챤 신문 창간 48주년 기념

제11회 한국 크리스챤 문학상

제28회 크리스챤 신인 문예상

수상 작품집

한국 크리스챤시인협회 편

시와문화

|차 례|

제11회 한국 크리스챤 문학상

시부문 대상

시부문 본상

제28회 크리스찬 신인 문예상

하늘 종지기

제11회 한국 크리스챤 문학상

제28회 크리스챤 신인 문예상

수상 작품집

하늘 종지기

2008 크리스챤 신문 창간 48주년 기념

제11회 한국 크리스챤 문학상

제28회 크리스챤 신인 문예상

수상 작품집

한국 크리스챤시인협회 편

시와문화

|차 례|

제11회 한국 크리스챤 문학상

시부문 대상

시부문 본상

제28회 크리스챤 신인 문예상

한국 크리스챤문학상 시부문 대상

박 몽 구

하늘 종지기 외 11편

하늘 종지기

몰염치하게 아랫목을 내주지 않던 꽃샘추위
기별 없이 핀 산수유 향기 한 올에
서둘러 무거운 몸 감추는 걸 보았는가
제 한 몸을 위해서는
겨우 몸 하나 눕히기에도 빠듯한 골방이면
얼마나 다행한 일이냐고
다 읽은 책에 먼지 앉기 전에
먼 바다 그리운 아이들에게 나눠주면
다음날 새벽은 얼마나 훤하겠느냐고
남 앞에 감을 다 놓아버린
안동 산골짝 교회의 종지기 앞에
세상의 부자들은 너무 남루하다
낡은 허파로 치는 그의 종소리에
가난한 창마다 갓 구운 빵처럼 지펴지는
불빛 나눠 갖는 마을은
이불을 장만하지 않아도 따스하다

그리운 나라는 동화 속에 만들어 놓고
정작 그 집을 만드는 목수
화려한 빌딩의 그늘 아래

흑인 재즈 가수의 입술처럼
두꺼운 돈더미에 눌려 지내면 무슨 재미일까
하느님에게 더욱 가깝게
날로 높이 올라가는 교회 천정 아래
잘 차려입고도
그리운 사람이 오는 새벽에
잠들어 버린 사람들을 보라
값비싼 것들을 찾아 먼 지방을 쏘다니느라
가까이에 숨은 보석에는 눈을 돌린 채
빵처럼 부푼 소파에 눌린 얼굴을 보라

가난한 목수의 아들로 분장한 예수
그 집 앞 서둘러 피해 가는 것 안 보이느냐고
여윈 손으로 가리키던 종지기
몽실 언니만 남긴 채 홀연히 갔어도
따스한 램프빛으로 어둑새벽 밝히고 있다
산수유 홀연히 자취를 감춘 봄날에도
그 향기 내내 감돌아
잠들었던 이파리들 잠귀 털고 움츠렸던 몸 펴듯
사람들이 아무리 담 높게 세워도
훌쩍 넘은 살구나무 가지
온 몸 휘청이며 달디단 열매 건네주듯

마음의 귀

파르스름하게 타는 진공관 불빛을 보며
베토벤의 첼로 소나타를 듣는다
지천명을 턱걸이하면서
어두워진 눈이 책을 자꾸 밀어낸다
빈약한 진공관 소리를 더 모으느라
귀바퀴 말끔하게 닦으면서
문득 말년이 되어 사랑하는 이 보내고
어두워진 귀로 일궈낸
첼로의 선율 더욱 살가운 건 왜일까
다발성 경화증 딛고 일어선 뒤프레가
다리 놓은 베토벤의 선율 위에
문득 단풍나무 한 그루 놓여 있다
저렇듯 척박한 땅에서 무엇이 자랄까
방관자들의 어설픈 걱정을 딛고
한 군데도 빠짐없이 핏빛 뿜어올린
단풍나무 한 그루
때 묻지 않은 저녁 놀 흩뿌린다
어두워진 귀 넘어 막힌 핏줄 넘어
맑고 깊은 영혼의 눈 뜬다

북한산 가는 길

요즈음은 북한산 비봉 가는 길에
졸참나무나 울긋불긋 눈길 끄는 단풍 대신
버들치와 속엣말 나누고 있다.
북한산 국립공원의 보호 어류
이 친구 좀처럼 얼굴을 내밀지 않는다
봄가뭄 몇 달째 들어
목마르게 턱 괴고 있는
바위들뿐인 승가사 계곡엔
숫제 모습 보이지 않는다
그러다가 짧은 열정 같은 소나기
맑은 물에 지나고 난 뒤
어느 새 꼬리 흔들고 있다
목 축일 생각에 서두르는 비봉길
돌 틈에서 나온 녀석을 훤히 비치는 몸으로 눈길 잡는다
해 설핏할 때까지 나를 붙잡고
내 속을 들여다보게 한다
산은 오를 때보다 내려갈 때
더 마음 쏟아야 한다며
돌 틈으로 투명한 몸 감춘다

몇 년째 잿빛으로 흐린 하늘 탓에
훌훌털어 버려도 흙으로 돌아가지 못하는 긴 가뭄 뒤
구상나무 상수리 대신
요즈음은 버들치와 말 나누며
먼 길 걸어도 지치지 않을 힘 얻는다
앞만 보고 달리는 길손들
타는 갈증 위에
돌 틈에서 얼굴 내밀어 나를 붙들었다가도
큰비라도 내려 폭포를 이룬 계곡에서
오히려 자취 싹 감춘다
그리운 실비 한 모금씩 모아
실개울 이루면
다시 훤히 비치는 몸으로 길손 잡아끄는
북한산 버들치에게서
텔레비전과 책 속에서 잃어버린 말을 줍는다

유리벽 1

—파리 텍사스

한 겹 투명한 유리벽 너머 불꽃빛 종이꽃 요란하게

핀 자리에서 너는 삶을 연다. 길고 나른한 오후를 새기며 길고 곧게 시계 바늘이 뻗듯 사지를 편다. 네 몸을 만지고 돌아온 빛은 비스킷처럼 바삭바삭해진다. 마른 빵처럼 매끄러운 몸과 달리 눈이 젖어 있는 게 슬플 뿐. 어떤 사람은 두툼한 돈으로 네 시간을 사려 하고, 어떤 사람은 경마장에서 건진 것처럼 아슬아슬한 힘으로 너를 손아귀에 넣고 싶어하지만 너의 마음은 좀처럼 잡히지 않는다.

너는 몸만이 아니라 때로 고향 바다로 출렁이기도 하고, 눈에 넣어도 아깝지 않은 아이들을 담은 채 슬프고 큰 두 눈이기도 한 것을 모른 채 유리벽 이쪽의 우리들은 비스킷처럼 바삭바삭한 네 몸만을 훑고 있다. 이 세상에 존재하지 않는 텍사스 사막에 에펠탑이 우뚝한 파리는 없지만, 너의 보이지 않는 곳에 펼쳐진 상제리제를 본다. 너에게는 거울이지만 내겐 훤히 비치는 유리를 통해, 너의 벌건 삶 아닌 나의 일그러진 얼굴을 본다. 파라다이스는 이 세상 어디에도 없다고. 우리에게는 보이지 않고, 네 거울 속에만 비치는 온갖 더럽고 흐린 하수구의 한가운데가 바로 우리들이 찾던 세상이라고, 네 크고 슬픈 눈이 알람처럼 흔들리고 있다.

유리벽 2

해 설핏한 대학로, 비 개인 뒤의 하늘처럼 말끔하게 개인 통유리 너머 행인들 바라보며 커피를 홀짝거린다. 어지럽게 나붙은 번역극 포스터랑 포옹하듯 밀착하고 걸어가는 연인들을 따라 봄바람보다 더 흔들리는 거리를 본다. 코크를 곁들여 치킨 한 조각 뜯고 있자면 흔들리는 건 유리벽 저쪽이 아니다. 티 없는 유리창은 벗다시피한 거리의 여자애들이며 몇 번만 더 드나들면 쫄깃쫄깃한 닭고기만이 아니라 아이들 장난감도 유럽 여행권 추첨에도 참여할 수 있다고 마일리지 해설서는 떠들어댄다. 나는 문득 조류독감으로 빈털터리가 된 농부의 깊은 주름과 먼지 수북히 쌓인 사이로 쥐들이 춤을 추는 구멍가게가 환영처럼 떠오르는 걸 본다. 전라의 여배우가 나온 연극과 뉴욕 브로드웨이로 옮겨진 무대 뒤로 빚더미에 올라앉은 아내의 가계부가 꼬깃꼬깃 접혀 있는 게 보인다. 무지갯빛 프리즘이 사라지면서 식어 거무튀튀해진 치킨을 뜯다 말고 사라진 환영을 찾아 닿지 않는 유리벽 너머를 더듬거린다.

서울 올페 1
—글렌 굴드를 들으며

예전에는 사람의 머리꼭지를 넘어
쌓인 눈이 나그네 발길을 묶었다지만
이 겨울 나와 세계를 끊는 것은
어릴 적 동구 밖을 막아
송정리 읍내로 닿는 길
봉쇄해 버린 폭설이 아니다
읽을 엄두를 낼 수 없이
두꺼운 삼촌의 책처럼
두터운 얼음이 아니다
벌써 달포째 조용해 있는 전화기이다
녹슨 장롱 문처럼 닫힌 마음들이다
세상은 바뀌었다는데
스무 몇 해 전 등교길을 막고
살아 있는 말들이라곤 담겨 있지 않은
책을 버리고 어두운 세상을
밝히는 말 한마디 꺼냈던 일은
여전히 지금도 나를 묶고 있다
학위를 따고 밤 새워 논문을 써도
굳게 닫힌 문 열리지 않는 날

사람 만나는 대신 글렌 굴드가
연주하는 골드베르크 협주곡을 듣는다
매끈한 의자를 버린 채
격정의 순간이 올 때마다
의자 삐걱거리는 소리가 뒤섞이고
하이파이를 거부하듯 콧소리가 섞인
글렌 굴드를 들으며
키를 넘은 눈 넘어
읽지 않은 책보다 두꺼운 얼음을 넘어
읍내로 가는 길을 생각한다
깔끔하게 고쳐 맨 넥타이와
값비싼 옷감 두텁게 바른 화장으로
포장된 연주회장은 음악으로 가는 길 아니라고
떠나는 굴렌 굴드를 따라
책 넘어 책에 닿는 길 생각한다
이십수 년의 망령이 아직도 떠돌면서
가로막는 보이지 않는 손을 넘어
사람의 마을에 닿는
길 한 가닥 닦는다

서울 올페 2

—슈베르트의 Sonata A Major op.120

며칠째 누구의 목소리도 들을 수 없는 날
내 친구는 불빛이 따사로운 진공관 오디오다
미군이 태평양전쟁을 치르며
먼 바다를 넘어 교신하는 데 썼다는 3극관은
텅스텐 필라멘트가 빨갛게 타들어 가면서도
대한 추위가 엄습한 새벽 앞에 떨고 있는
나의 체온을 5도쯤 높여 준다
인도네시아 자바의 일본군 포로생활에서 막 돌아온
릴리 크라우스의 연주로 듣는 슈베르트의 소나타를
나의 자작품 앰프에 얹으면
며칠째 쿨룩쿨룩 기침이 그치지 않는
슈베르트의 가늘고 파란 팔에도
빨간 노을빛이 짙어져 온다
낡은 피아노 한 대 들여놓을 길 없어
무릎 위의 기타가 오케스트라를 대신했던
슈베르트의 보리수를 뜨겁게 불러
연애를 하고 주말을 즐겁게 보내던 귀족들이
정작 교외에서 매독과 싸우는
슈베르트에게는 빵 한 조각

약 한 봉지 보내지 않아
기타 선율로 빚은 스물두 살 때의 피아노 소나타는
그가 죽은 뒤 한달 뒤에야 전리품처럼 발견되었다던가
가슴이 타들어 가는 서른한 살
슈베르트가 쿨룩쿨룩 병마와 싸우며
외롭게 써 내려간 선율
빈약한 나의 진공관 오디오에 얹으면
그의 안경알에 맺힌 이슬 걷히며
어둠이 사과 빛으로 익는다
창밖에 눈보라 몰아쳐도
세상의 온도는 화씨 5도쯤 올라간다
달포는 더 전화가 끊겨도 좋을 것 같다
필라멘트가 빨갛게 타들어 갈수록
부드럽고 따스한 소리를 내는
진공관과 함께 있으면….

서울 올페 3
—모짜르트 피아노협주곡 27번

숭의여대에서 광고 카피론을 떠들고 오다

남산길 모퉁이에 박혀 있는
까페 가스등에서 계란말이에 소주 한잔을 기울였다
영화 북회귀선에서 헨리와 아나이스가 깊은 포옹을 나누던
가스등 아래 벤치는 아니지만
젊은 취객들이 뿜어대는 담배 연기 희부연 술청 안에서
나는 모짜르트의 마지막 협주곡을 떠올린다
몇 달 남겨두지 않은 죽음을 예감하듯
깊고 어두운 지하실로 통하는 계단에
비치는 얼음으로 된 무지개 걸려 있다
모짜르트가 스스로 연탄(連彈)했다는 카덴차를 듣고 있자면
교수 자리와 빵빵거리는 찻소리쯤은
아무 것도 아니다
주어진 극장의 좌석을 받아
어디 눈 한번 돌리지 못한 채 눌러앉는 게 아니라
굳어 있는 마음에 기름을 칠하는 일이다
세상을 새롭게 보는 눈이다
비엔나의 혹독한 겨울을 견디기에는
너무 빈약한 몇 개비의 장작과
몇 푼의 돈에 팔려 떠나버린 아내를 넘어
잠 뿌리치며 황홀한 화음을 완성해 가는
서른셋의 모짜르트 떠올리니

희뿌연 가스등 아래 소주를 빨며 떠들어대는
젊은 친구들이 더없이 정겹다
따스한 계란말이와 주모의 큰손이 그리워
멀리 안산 캠퍼스에서까지 달려와
소주를 나누는 시인 지망생 친구의 술잔에
어느 누구도 흉내낼 수 없는 무지개 떠 있다
문득 짐처럼 나를 짓눌러 오던 책가방을 챙겨들고
어두워진 거리로 나선다

젖은 몸으로

젖은 창으로 세상을 보며
쿠바 출신의 흑인 가수
이브라힘 페레르의 재즈를 듣는다
꽃은 결코 시들어서 떨어지는 게 아니라
나무가 마음이 아플 때 떨군다는
그의 노래는
뻥긋거리는 입이 아니라
검고 깊게 패인 주름을 씰룩거려
쥐어 짜내서 나온다

모두 폭염을 피해 동해로 부산으로 달아나고
젖은 하늘 바라보며
부에나 비스타 소셜클럽의 리더가수
이브라힘의 재즈로 젖은 방을 말린다
수십년 동안 무대 빼앗긴 채
하바나의 빈민굴에서 창녀들을 파거나
사탕수수밭 막노동으로 떠도느라
넷 킹 콜을 닮은 달콤한 목소리는 퇴색하고
검은 막장의 울림이 배인
그의 노래는 몸이다
몸 깊숙히 감춰진 느낌표 찾아
온몸에 피멍을 새기며 기어가는
뱀장어의 울음이다
달디단 것들 다 버리고
홀로 서서
더 이상 맛을 다툴 수 없는
소금기둥 될까
무엇 하나 받칠 수 없는
모래기둥이 될까
흐린 방을 이브라힘의 젖은 몸으로 문지른다

*이브라힘 페레르(Ibrahim Ferrer) : 쿠바의 재즈 연주가로 오랜 무명 시절을 보내다 '부에나 비스타 소셜 클럽' 의 핵심 멤버로 전세계에 알려졌다. 2005년 8월 6일 78세로 사망.

블러디 선데이의 막간에서

스크린이 열리자마자 시위 현장 아닌 한 평범한 가정의 저녁 풍경 보여 준다. 따스하게 부푼 빵이 차려진 식탁, 식구들 간의 구김살 없는 대화, 울긋불긋한 털스웨터처럼 포근한 포옹…. 이윽고 땅거미가 덮이고, 신교도인 헤스더는 생일 축하해 주러 방문한 17세의 청년 제리 도히너와 함께 하는 시간 좀더 늘리고 싶어, 마을 앞 계단까지 배웅해 준다. 내일은 수백년 동안 묵살되어 온 구교도들의 시민권 보장을 위한 데리 시민들의 평화 행진이 있는 날. 걱정되기도 한다. 남자친구 제리는 데리 홀리건 소속으로 감옥에서 나온 지 얼마 안 되었기 때문이다.

어스름한 가로등 밑에서의 포옹 뒤에 어두운 계단을 내려가는 구교도 남친 제리에게 "내일 아무 일 없어야 돼" 하고 손을 흔드는 헤스더의 모습은, 먼 이국 소녀가 아닌 불안한 시대를 온몸으로 견뎌내야 했던 이들 두 연인은 나에게 수많은 광주의 연인들을 겹치게 했다. 아직 열일곱에 벌써 감옥을 다녀오고, 어른들이 풀지 못한 숙제를 위하여 다시 거리에 서야 하다니. 누가 있어 푹신한 침대가 기다리는 집으로 그의 등을 떠밀겠는가. 도시는 봉쇄되었는데, 군인들은 거리마다 퇴로를 막고 있는

데, 볼에 아직 우윳빛이 흐르는 청년이 겨우 돌 몇 개를 던지면 차가운 총탄이 무수하게 날아들고 있는데….

나는 눈물이 번진 스크린에서 먼 땅이 아닌 나의 혼을 불태웠던 광주를 나도 모르게 읽고 있었다. 계엄군의 빗발치는 총탄속 총상 입은 시민들 들쳐업고 병원으로 옮기다 적십자 완장도 아랑곳없는 무차별 총격에 하반신 마비된 승려 이광영과, 그를 온몸으로 감싸 일으킨 한 여인의 모습, 사랑하는 애인을 비명의 총탄에 잃고도 좌절을 넘어 진실의 규명에 온몸 던진 채 살아가는 영숙이 누나, 집 나가 며칠째 돌아오지 않는 남동생을 찾아 끝까지 구급배낭을 옆에 낀 채 결사대를 떠나지 않던 긴 머리의 간호사 누이…. 지금은 얼굴 윤곽조차 가물가물하지만 마음의 지도는 더욱 또렷한 사람들과 스크린 속으로 들어가 끌어안았다.

이윽고 아무런 무기도 들지 않은 데리의 시민들 앞에 공수부대가 이리 사냥이라도 하듯 풀어지고. {표적이 어디 있느냐?}고 다그쳐 묻는 병사에게, 장교는 표적을 좀처럼 지적하지 못하다, 마침내 저 거리를 가득 메운 시위대 모두가 표적이라고 선언했다. 비무장의 시위대에 퍼부어지는 무차별 총격…. 14명의 꽃같이 스러진 희생자들 보며, 비감보다 광주는 외롭지 않구나 마른 주먹으로 눈물 닦았다. 신은 인간이 좀더 강해지도록 잠깐의 불행을 선물한다던가. 결론을 미리 준비한 재판은 끝나고, 진압군 위세 짤랑거리며 쏟아지던 여왕의 훈장 그

위에 겹쳐지던, 열열곱의 남친을 잃은 도히너가 어두운 계단 쓸쓸하게 올라오던 뒷모습이 오래 잔상으로 남았다. 도히너의 허물어진 어깨 뒤로 은밀히 총을 나누던 여리디여린 구교도 청년들의 숨소리는 막이 내려서도 우리들 일어서지 못하게 했다. 역사는 결코 반복이 아니라고, 종교를 넘어서, 갈라진 땅을 넘어서 사랑은 끝내 우리를 하나 되게 하고 만다고…. 지금껏 한번도 꺼내지 못한 말을 고스란히 옮긴 먼 나라의 스크린에 무수한 동류항을 그리고 있었다.

*블러디 선데이(Blloody Sunday) : 1971년 1월 31일, 북아일랜드의 데리시에서 벌어진 평화시위에 가해진 공수부대의 무차별 유혈 진압을 소재로 한 영화. 제52회 베를린영화제 황금곰상 수상.

민통선 마을에 가서

시인 이적이 살고 있는
김포 군하리 민통선 마을
얼어붙은 임진강 한가운데

철책선 사리로 얼어붙은 발가락들
앙상하게 드러난 섬 바라본다

개성 송악산이 가까운 탓일까
정작 되찾아야 할 사람들 제치고
외지인들 손에 넘어가
하루가 다르게 땅값 치솟는 사이
씨 뿌리지 않는 논밭의 등을
덮어줄 사람들 보이지 않는 최전방

몇 십년 만의 한파라던가
두어 뼘 넘게 투명하게 덮인 얼음이
똑딱선 하나라도 대지 못하도록
강가에 깊게 박힌 말뚝들이며
압핀처럼 위험하게 뿌려진 지뢰밭
무용지물로 만들며
오랜만에 남북을 하나로 붙여 놓았다

부르면 금방이라도 달려올 듯
귀를 맞댄 강 위아래 마을을
사람들이 멀리 떼어 놓은 사이로
저어새 몇 마리만이 남북을 오가며
부지런히 저녁놀 져 나르는 정경이
가슴 깊게 그어 내린다

몇 번만 헤엄치면 닿을 철책선 너머 섬에
살림집 딸린 넓은 논밭을 두고 온
정씨는 문수산에 올라 제 땅을
하루에도 몇 번씩 바라보느라
젖은 눈 마를 새가 없다던가

남으로도 북으로도 기울 수 없어
외토리로 버려져 있던
반신불수의 섬
길 잃은 저어새 겨우내 거두어
차가운 땅 박차고 오른다
맑고 따뜻한 하늘이
땅 끝까지 누구도 가를 수 없이 펼쳐진다

바흐를 들으며

진주 귀걸이를 한 여자의
티 없이 맑은 얼굴이다
그 여자의 손으로 빚어서

봉긋하게 부푼 빵이다
지친 어깨를 눅눅하게 덮쳐오던
피로 간수 빠지듯 사라지고
구상나무에 기대어 바라보는 저녁놀이다
프라하 여행 때 신새벽에
체코 여자가 레이스를 들치며
창턱에 내놓던 빨간 사르비아 화분
값비싼 장신구 같은 거
다 버리구
귀밑머리에 숨은 늙은 진주 한 알
모든 화려한 빛을 버린 광목에 입힌
쪽물 속으로 휘감겨 오는
감포 앞바다의 투명한 파도 소리

다섯살 때부터 고사리손으로 익힌
요요마의 활로
바흐의 무반주 첼로 조곡을 듣는다
아름다움은 결코 화려하거나
누군가를 밀치고
내세워진 게 아니다
스무명이나 되는 아이들을
업고 안고 움켜쥔 채
교회의 성가대 밑 셋방을 옮겨다니며
얼마나 반질거리는 햇볕을 갈망했을까

백여 년을 민들레 꽃씨처럼 눌려 지내다
비로소 한 줌 햇볕을 쬔 악보 위에
황인종의 크고 슬픈 눈을 겹쳐 본다

바흐의 무반주첼로 조곡을 듣는 저녁은
누가 찾아오지 않아도 풍성하다

■수상 소감

건들장마 다녀간 뒤끝인지 창 밖으로 보이는 모락산의 푸르름이 한층 짙어졌습니다. 30년이 넘게 종교처럼 여기며 살아온 시는 제 삶의 길이 흐트러질 때마다 채찍을 아끼지 않았습니다. 때로는 벗어나고픈 천형이었습니다만, 시가 있었기에 물질과 세속의 권력만이 두드러지는 세상 속에서 이나마 저를 지켜올 수 있었습니다. 첫걸음을 딛는 마음으로 다시 시 앞에 앉는 오늘, 때 묻지 않은 이 상이 저의 시 생애에 큰 나침반이 될 것입니다. 제 시의 큰 스승이신 김규동 선생님을 비롯한 심사위원들게 진심으로 감사드리며, 앞으로 흔들리지 말고 바른 길을 가라는 격려 잊지 않고 시업에 매진할 것을 약속 드립니다. 그리고 배명식 목사님을 비롯한 본상의 주관자들께도 심심한 감사의 마음을전하며, 얼마 전 유명을 달리하신 선친 영전에 이 상을 올립니다. 언제나 신인처럼 설레이고 막막한 기분으로 미지의 시를 향해 나아가겠습니다.

박몽구 : 전남대 영문과와 한양대 대학원 국문과를 졸업하였다. 문학박사. 1977년 월간 『대화』지 시 당선으로 등단하여, 『개리 카를 들으며』, 『마음의 귀』, 『봉긋하게 부푼 빵』 등의 시집을 상재하였다. 연구서로 『한국 현대시와 욕망의 시학』 등을 갖고 있으며, '한국출판평론상' (2005)을 수상하였다.

한국크리스챤 문학상 시부문 대상

이 병 창

아들에게 외 10편

아들에게

잘 익은 석양 한번 만나고 오라
능선으로 올라가라 했더니
오늘 바라본 노을은
진홍빛이었다고 만 말하는구나.
그것뿐이었더냐
셀 수 없는 하늘 빛깔 중에
너는 오직 하나의 색깔과 느낌을
선택했을 뿐.
바쁜 호흡으로 다녀온 너의 걸음에는
어떤 만남도 보이지 않는구나.
아들아
바라본 다는 것은 임무완수가
아니란다.
조금만 더 햇빛이 네 손등에
닿는 것을 보았더라면
마음껏 바람을 허락하는
구름을 바라볼 수 있었다면
때로는 지는 노을이
너의 살도 되고 피도 될 수 있음을
알았을 것이다.

너의 망막 속에 비쳐진 진홍 빛
그 너머 너머에서 지고 있는
너의 노을을 바라볼 수 있었을 것이다.

길

처음부터 길이라는 것이
있었겠는가
내가 가고 사람들이 가다 보면
길이 되는 것이지.
처음부터 외로움이 있었겠는가
외로움도 자꾸만 외로워하고
알아주다 보면
깊은 병도 되는 거겠지.
외로움은 길과 같은 것
오늘 같이 햇볕 좋은 날
이제는 그 길을 접고
또 다른 길 하나 걸어보면 어떨까
이승의 길들처럼 수많은
그대 가슴 속의 길들 중에서

기도

내 살로 가리어진 골수 속에서
어제는 숨어 계시더니
오늘 당신은 낡은 고무신으로
웃고 계시는군요.
숨바꼭질의 명수
말릴 수 없는 장난꾸러기
나는 빛의 바다를 춤추는
단 하나의 몸
당신을 찾는 재미로
오늘 즐겁습니다.
(2005. 2. 6.)

당신의 복음서

오늘은 순창과 임실복음서를 읽었다.
겨울산 골짜기마다

지나가는 칼바람
나는 귀 기울여 말씀을 들었다.
괴롭히지 말라
그 어느 것도 거부하지 말라
네가 불러 들여 온 고통을
그만 놓아 보내거라.
옳습니다.
그렇습니다, 아버지
당신의 복음서 책갈피마다
두 번 다시 밟지 않을
내 발자국마다
당신은 말씀으로 살아계십니다.

다시 꾸는 꿈

잠 속에서도 가슴이 메인 탓일까
문득 눈을 떠 숨찬 가슴을
달래 봅니다.
때로는 세월보다도 빨리 가는 나
또 때로는 세월보다 아주 천천히

걸어가는 나 사이에서
이승의 시름은 깊기만 합니다.
어제 본 장터목의 구름 같은 시름
지금 내 가슴에서 올라오는 막막함도
그런 것이겠지요.
저기 달빛에 빛나는 나무들
부모도 형제도 모두 구름입니다.
이 밤에 다시 꾸는 꿈입니다.

만남

어디에서부터
우리가 만났던가
산이었던가
강이었던가
바다였던가
구름이었던가
하늘이었던가
아니면 소나무의 수관 속이었던가
옹달샘이었던가

눈물이었던가
그것도 아니라면
여기밖에 없겠구나
너도 여기
나도 여기….

바다는

바다는 바다에만 있는 게 아니야
바다와 함께 한나절 누워 있어봐
하늘에도 땅에도
바다를 목말라하던 가슴에도
바다가 있어 왔음을 알게 되지
하룻밤만 파도소리와 함께 있어봐
그대의 몸 속 세포마다 숨어있던
소리들이 어떻게
숨죽이고 있었는지를 알게 될 거야
빗장 걸린 그대의 입술
그대의 고독
그대 감성의 칼날로 다쳐온 가슴이

그대 안에 자리한 바다의 몸부림이었음을
알게 될 거야
저 혼자 일어서서 하염없이
뭍을 기어오르는
바다의 목마름이었음을 알게 될 거야

동해 낙산

동해 낙산 방파제의 끝에 서 보니
먼 바다의 배들이 항구로
돌아오고 있다.
늘 여기에서 떠나 여기로
돌아오는 배
문득 절벽 위 등판 굽은 소나무가
삶이란 가지런한 것만이 아니야 라고
말한다.
돌아보면 나의 어린 시절 소나무는
모두 수직이었다.
별보다 더 높이 자라고 싶은
열망이었다.

오늘 낙산 일몰의 바닷가에 서 보니
구부러진 애환의 소로 길을 지나온
세월이 보인다.
나도 등 굽은 소나무 되어
제풀에 스러지고 있는 파도의
뒷덜미를 바라보고 있다.

엘리베이터의 거울을 보며

너의 웃음 없는 얼굴을 보아
세상은 일어날 일만 일어나고 있어
너의 눈매를 보아
사람들은 자기만큼 보고 느끼고
말하고 있을 뿐이야
슬퍼하지마
심각하지마
이 시대의 악마는
자본주의의 똥물이 아니야
웃음을 잃어버린 얼굴
한번도 의심해보지 않은 진리야

고층으로 올라가는 엘리베이터
거울 속에 있는 너의 얼굴이야.

매미 소리 속에 매미가 있다

경기전의 느티나무 등걸에서
자기 껍질을 벗고 나온 매미
온 몸을 비워 내지르는
매미 소리 속에 매미가 있다.
오늘 나는 어떤 매미가 되고 있는 건가
어떤 껍질 벗은 소리가 되어
여기에 앉아 있는 건가
제 무게로 떨어지는 낙엽은
바람을 일으키고
떨어진 나뭇잎이 한줄기 바람에
굴러가고 있다.

경각산 가는 길

가는 길 멈추고
나를 좀 봐요.
긴 겨울 입 속에 물어 온
나의 슬픔이
어떻게 불려졌다
풀어지고 있는가를.
가던 길 그만 멈추고
들어봐요.
이처럼 못 견디게 터져 나오는
시절인연들을 봐요.
봄소식을 전하다 숨진 진달래의
뒤를 따라
보랏빛 오동나무의 가슴앓이가
어떻게 피어나고 있는가를.

■수상 소감

시는 나에게 간절함이었다. 시는 나에게서 나에게로 가는 길의 동반자였다. 내 안의 몸을 찾고 몸 밖의 옷을 입게 하는 영혼의 각성이었다. 인간의 살과 잔인함 속에 묻힌 그리스도의 사랑을 찾아가는 피 묻은 순례였다. '갈보리의 노래' 이후 오늘까지 이어 온 크리스챤 신문사와의 만남을 감사한다.

이병창 : 1952년 출생. 원광대학교 국문과 졸업. 10여 년의 고등학교 교사생활 후 현재 한국기독교장로회 진달래교회 담임 목사로 재직 중이다. 한국크리스챤시인협회, 민족문학작가회의, 세계시문학회 회원으로 활동 중이며, 시집으로 『나의 하느님이 물에 젖고 있다』, 『메리 붓다마스』가 있다.

한국 크리스챤문학상 시부문 대상

소 의 수

로뎀나무 아래에서 외 10편

로뎀나무 아래에서

여기 지쳐 쓰러져 있는 영혼이 있다.
탈진한 영혼
사명의 길을 더 이상 걸을 수 없는 영혼
로뎀나무 아래 쓰러져 있다.

하늘에서 쏟아져 내린 불은 갈멜산 제단 사르고
삼년 육개월 비오지 않는 땅에 소나기 부어졌다.
기손강가에서 850명의 거짓 선지자 피흘렸다.

아합과 이세벨은
호화로운 궁전에서
분노와 복수의 칼을 갈고
엘리야를 향한 증오의 불길 태우고
강팍한 마음은 바위되어 갔다.

좌절과 절망, 불안과 공포에 떨며
제단을 불사른 신께 대한 믿음 잃고
탈진된 영혼의 부르짖음은
죽음을 구하고 있었다.

고독의 부르짖음
원망어린 간구
공허하게 메아리쳤다.

하늘의 사자 그의 곁에 오고
숯불에 구운 떡과 한병의 물 마시고
또다시 깊은 잠들고 일어나
기력과 원기 회복했다.

아직도 가야 할 길은 먼데
40주야 걸어가야 할 호렙산
일어나 걸어가야 했다.

여기 로뎀나무 아래 쓰러져 있는 영혼
하늘 사자 오셔서 떡과 물주시고
일어나 힘차고 힘 있는 걸음걸이로
오늘도 내일도 그리고 모레도
가야할 호렙산 향한 길을
걸어가게 하소서.
사명의 길을 걸어가게 하소서.

당신의 옷자락을

죽음의 강을 건넌
어린양 하나 살리시려고
발길 재촉하시던 그날
그 길목에서
나는 당신을 뒤따르며
당신의 옷자락을 잡았습니다.

12년의 긴긴 세월 속에서
피를 쏟는 그 아픔과 부끄러움
무거운 병든 몸 이끌고
가족과 이웃도 없이
재물과 희망도 없이
멸시와 천대와 냉대 속에
열려진 죽음의 문 향하여
절망의 늪에 목이 차오르는
삶을 살고 있었습니다.

캄캄한 어둔 방에서
별똥별 떨어지는 그 순간에
손 모아 소원을 아뢰듯이

내 손 끝에 내 소원, 내 마음, 내 한을 모아
당신의 옷자락을 잡았습니다.
그 순간 내 몸에서 병이 빠져 나갔습니다.

그 날 당신이 나를 향해 연민의 눈 맞추시고
"내게 손을 댄 자가 누구냐"
"능력이 내 몸에서 빠져 나갔다"고 하셨습니다.
나는 당신의 발 앞에 엎드리어
당신의 옷자락을 잡았다고 고백했습니다.
"딸아 네 믿음이 너를 구원하였으니 평안히 가라."

나는 그 후로 당신의 것이 되었습니다.
구원받은 하나님의 딸로
당신을 위해 일평생
당신과 함께 살게 되었습니다.
소망의 나날이 되었습니다.
사랑하는 나날이 되었습니다.
감사하는 나날이 되었습니다.
긍휼과 사랑을 베푸는 나날이 되었습니다.

기쁨과 감격의 나날이 되었습니다.
당신의 품에 안기는 그날까지
당신의 것으로 살아갈 것입니다.

상처

해가 빛을 잃고 온 땅에 어둠 덮이고
뇌성벽력이 땅을 흔들고
뚝뚝 굵은 빗방울이 떨어지는 갈보리 언덕
목이 긴 사슴 되어 십자가에 매어달린
상처 입은 하나님의 아들 예수

머리에는 가시면류관의 상처
눈에는 질시와 멸시의 상처
귀에는 저주와 악담의 상처
가슴에는 배반과 배신의 상처
손에는 못 박히신 상처
옆구리는 창에 찔린 상처
발에는 못 박히신 상처
붉은 핏방울이 빗물과 함께 강을 이루었네
송진의 짙은 향을 내뿜는 상처 난 소나무처럼
사랑의 치료의 향을 내뿜고 나무에 달려 있었네

더러운 생각과 탐욕으로 상처 난 머리
음란한 것과 정욕으로 상처 난 눈
사탄의 음성과 세속의 소리로 상처 난 귀

원한과 분노로 상처 난 가슴
추하고 더러운 것을 움켜잡은 상처 난 손
이웃과 함께 하지 못한 상처 난 옆구리
죄악의 더러운 땅을 방황한 상처 난 발

빗물이 핏물 되어 흐르던 골고다 십자가 아래
그날 그 핏물이 내 발 적실 때
그날 그 핏물이 내 몸에 흘러내릴 때
당신의 상처로 내 상처 나음 얻었네
당신의 찔림으로 내 허물 고침 받았네
당신의 상함으로 내 죄악 사함 얻었네
당신의 징계로 내 마음 평화 얻었네.

*그가 징계를 받음으로 우리가 평화를 누리고 그가 채찍에 맞음으로 우리가 나음을 입었도다(사53:5)

유월절 어린 양

애굽 왕 파라오의 폭정이
이스라엘 민족의 목 누를 때

죽음의 사자는 하늘 길 떠나고
유월절 어린양의 피
문설주와 인방에 붉게 바르고
방문 굳게 닫고 두려움증에
긍휼과 구원을 빌고 있었네.

죽음의 사자가 애굽의 장자 칠 때
죽음의 냄새로 애굽에 가득하고
슬픔과 절망의 통곡 소리 하늘에 사무치고
죽음의 공포가 무거운 돌 되어 눌렀네.

먼 훗날 세상 죄 짐 지신 어린양
높은 장대에 달린 모세의 구리뱀처럼
갈보리 언덕 십자가에 달려
우리의 가슴을 붉게 물들인
유월절 어린양의 피흘림이었네.

유월절 어린양의 그 피가
이스라엘 백성들의 장자를 살리듯이
죄와 사망의 권세에서
생명과 구원을 얻게 하신다.
상처 입은 육체와 죄의 짐 진 영혼은
고치시고 나음을 얻게 하신다.
그 피가 저주와 죽음에서

축복과 영생을 얻게 하시네.

보혈의 샘

해가 갑자기 빛을 잃고
온 땅에 어둠의 장막이 덮이고
성전 안의 휘장은 찢어지고
나무의 잎새들이 떨고 있었다

갈보리 해골 골짜기에서
처절한 고통의 울부짖음이
메아리쳐 울리고 있었다
"엘리 엘리 라마 사박다니"(마27:46)
(나의 하나님, 나의 하나님, 어찌하여 나를 버리시나이까)
저주의 나무에 달린 주님의 몸은
온통 붉은 피로 젖어 있었다
머리에서 흐르는 피는
우리 머리의 죄 때문이었는가
손에서 흐르는 피는
우리 손의 죄 때문이었는가

발에서 흐르는 피는

우리 발의 죄 때문이었는가
심장에서 흘리는 피는
우리 마음의 죄 때문이었는가
"그가 찔림은 우리의 허물을 인함이요
 그가 상함은 우리의 죄악을 인함이라"(사53:5).

그날 이후
갈보리 언덕의 샘터에서
흐르는 보혈의 생수는
강을 이루고 바다를 이루어 흐른다

영생의 생수
속죄의 생수
능력의 생수

오늘도
갈보리 언덕의 샘터에서
그리스도의 보혈의 생수가
온 세상에 흐른다
영원히 목마르지 않는 생수로
영원한 속죄의 생수로
흐르고 있다

흐르고 있다.

기도를 위한 시어(詩語) 2

의인의 기도는 역사하는 힘이 있다.
기도의 전승을 이어 기도하게 하소서.

소돔 위해 목숨 건 기도를 한 아브라함
(창 18:16-32)
자신의 생명을 잃어도 백성의 사죄를 구하던 모세
(출 32:31-33)
시온의 회복을 위해 죽을 각오로 기도한 느헤미야
(느1:11)
자신이 버림받을지라도 동족의 구원을 기도한 바울
(롬9:2,10:1)
가난하고 억눌린 자의 해방과 구원을 기도한 마리아
(눅1:46-55)
구원의 십자가 지시기 위하여 땀과 피를 쏟으며 기도하던 그리스도(마26:38-46)
믿음의 선진과 주님과 같은

기도의 전승을 이어 기도하게 하소서.

우리의 열정을 끓게 만들고
간절함을 나타내는 역동적인 통성기도와
걸음과 생각을 멈추고
자신의 삶과 신앙과 가정과 교회를 돌아보는
침묵으로 드리는 묵상의 기도를 하게 하소서.

자기를 망각하고 자기 집착적인 요청의 기도가
하나님과 사귐으로 자아가 변화되는 기도 되고
공격적이요 싸움질하고 자기 의를 드러내는
이웃을 판단하고 교만해지는 기도가 아니라
기도할수록 자신이 변화되고
환경을 변화시키는
기도의 전승을 이어 기도하게 하소서.

자기 중심적으로 많은 재물을 모으는 것
높은 자리에 오르고 명성을 떨침을 구하는 강청의 기
도보다
영성이 회복되고 잃어버린 자기의 형상을 되찾고
그리스도의 장성한 분량에 이르는
기도의 전승을 이어 기도하게 하소서.

성숙한 믿음의 간절한 기도가

압복강 나루터의 야곱의 브니엘 체험으로
하나님 앞과 사람 앞에 나아가게 하소서.

사계(四季)의 기도

지금, 누군가 기도해야 한다.

생명의 기운이 싹트고
작은 들꽃들이 활짝 웃는
봄의 동산의 작은 생명을 위하여
굶주림에 죽어가는 어린 생명
헤롯에 학살당한 베들레헴 어린이들
태어나지 못하고 시들어 버린 영혼들
질병과 사회악으로 병들고 상처 입고
지금 죽어가는 어린 꽃들 위해
누군가 기도해야 한다.

생명의 기운 넘치는
작열하는 태양과 푸른 숲의 계절
여름은 활력 넘치는 청춘의 절기

실업의 늪 속에서 허우적거리는 젊은이들
환명과 쾌락의 노예 되어 불나비 된 청춘
삶의 가치와 미래에 대한 희망 잃고
절망과 좌절과 방황으로 허무를 씹는 젊은이들 위해
누군가 기도해야 한다.

찬바람 불고 푸르름 잃고
한 잎 두 잎 떨어지는 낙엽의 계절
붉은 단풍으로 남은 정열 불태우는 가을
일터에서 퇴출되고 자기 혐오감에
고개 숙이고 추위에 떠는 아버지들
가출하여 거리를 방황하는 노숙자
자기를 감싸 주었던 옷을 하나하나 벗고
자기 성찰과 허무감에 떨며
인생의 무거운 짐 지고 탈진하며 쓰러진 자들 위해
누군가 기도해야 한다.

칼바람 세차게 불어 옷 벗고 맨살로 떨며
새봄을 잉태하는 인종으로 겨울을 보내는 나목처럼
욕심과 허영의 옷 벗고 죽음을 준비하는 노년들
가족과 사회에서 소외당하고 자기 연민의 슬픔 가지고
병든 육체와 쇠잔해진 몸뚱이 이끌고
쓸쓸하고 외롭게 서산에 기우는 해를 보며

고독하고 슬픔에 눈물 적시고 그날을 기다리는
어버이들 위해
누군가 기도해야 한다.

지금, 누군가 기도해야 한다.

그날

봄 꽃눈이 흩날리던 날
아버지의 상여 뒤를 다라가던 나는
특별한 감정과 생각 없이 따라가고 있었다.
슬피 우는 가족과 엄숙한 조문객들을 보며
슬픔도 허무감도 죽음의 의미도 모른 채
상여 뒤를 따라가고 있었다.

10년 후 낙엽이 흩날리던 날
어머니의 상여 뒤를 따라가던 나는
죽음의 허무성과 부활의 소망을 갖고
어머니의 사랑과 희생의 삶을
못내 아파하며 슬픔과 통곡으로

다른 가족과 조문객들보다 더 슬퍼하며
상여 뒤를 따라가고 있었다.

얼마 후일는지 모르나 봄 꽃눈이 흩날리는 날
내 장의차를 따르는 아들들은
내 삶을 생각하고 슬픔과 아픔으로
죽음의 의미와 부활의 소망으로
다른 가족과 조문객들보다 더 슬퍼하며
내 장의차를 따라올 것이다.

칼날 바람에 낙엽이 쓸쓸히 흩날리던 날
장의차를 따라오는 손자 손녀들은
죽음의 의미와 이별의 아픔도 모르며
할아버지에 대한 큰 슬픔의 감정도 없이
많은 가족들의 슬픈 얼굴과 조문객들의 엄숙함 보면
서
내 장의차 뒤를 따라올 것이다.

그날
나는
주님과 함께 낙원에 있을 것이다.

발자국

일평생 당신의 발자국 따라
걷겠다고 서원했는데
아무리 힘서 따라 걸어도
당신의 모습 저 멀리 걸어가고
당신의 발자국이 더욱 희미해져 갑니다.

당신이 이 땅 위에 태어날 때도
유대 땅 한 촌 베들레헴에
말 밥통에서 떨며 태어나서
낮아진 겸비한 모습 보이시고
낮고 가난한 자들과 함께하셨는데
높고 귀한 자리에 자리 피려고
발버둥치고 몸부림치고 있습니다.

당신은 공생애의 3년 동안
죄인과 가난한 자, 병든 자의 친구 되시고
용서와 치유와 회복케 하시고
위로와 격려와 사랑으로 새 삶을 살게 하시고

당신의 평화로 쉼을 얻게 하셨는데

죄인과 가난하고 병든 이웃 돌봄 없이
완악함으로 정죄하고 자만하여
외면하고 상처를 주는
바리새인이 되고 있습니다.

당신은 마지막 겟세마네 동산에서
십자가를 앞에 두고
고민하며 슬퍼하시고
눈물과 핏방울처럼 진한 땀방울 흘리시며
아버지의 뜻대로 할 것을 결단하셨는데
육신이 피로해서 잠자는 제자들처럼
깨어 기도하지 못하고 당신의 뜻보다
내 욕심과 세상 것을 구하는 일에
땀 흘리며 애쓰고 있습니다.

당신은 드디어 가시관 쓰시고 십자가에 달려
살이 찢어지는 고통과 한 방울의 피도 남김없이
쏟으시며
희생의 제물로 아버지의 구원 계획 이루시고
죽음의 골짜기를 지나셨는데
육체의 정욕과 세상의 욕심을
십자가에 못 박아 죽이지 못하고
한 방울의 땀방울, 핏방울 흘리지 않는
희생과 사랑 없는 사역으로

일락과 명예와 평안을 추구하며
달려가고 있습니다.

당신은 저 멀리 걷고 계시는데
아직도 먼 당신을 바라보며
희미한 당신의 발자국 따라
더듬거리며 걷고 있습니다.
나를 부인하고
나의 십자가 지고
당신의 발자국 따라
가깝게 걷게 하소서.

저 멀리 당신은 걸어가고
나는 여기서
멀어져 가는 당신의
발자국 따라
걷고 있습니다.

십자가에 달린 예수

작열하는 태양빛이 사라지고

먹구름이 밀려오며
뚝뚝 빗방울마저 떨어지던
골고다 언덕에
목이 긴 사슴처럼 울부짖으며
긴 목 늘어뜨리고 운명한
십자가에 달린 예수

고통과 고독에 아버지 부르며
영혼을 아버지 손에 부탁하고
33년의 짧은 생을 마감했다
십자가 지고 대속의 피 흘리게 하신
아버지의 사랑 위하여
죽음까지 복종한
하늘 아버지의 아들을 본다

죄인 된 인간의 저주와 죽음의 운명을
대신 지고 고통과 절망의 심연에서
저주와 죽음의 대가를 지불하며
하늘 아버지의 공의를 성취하시고
죽음의 언덕을 넘어가신
세상 죄를 지고 가신 구세주
인간 요셉의 아들을 본다

죄의 무거운 형벌에 떨며

영원한 멸망의 문을 향해
절망과 고통과 죽음으로
십자가 위에서 달려
부르짖고 몸부림치며 울부짖으며
죽어가고 있는
죄인 된 나를 본다

욕심과 더러움과 죄와
저주와 죽음의 운명의 자아를
십자가에 못 박고
죄사함 받고 영원한 생명을 얻고
구원의 새 삶을 얻게 된
구원의 빛과 그 부활의 꿈으로
목이 긴 사슴 되어
십자가에 달린 예수를 본다
하나님의 아들, 사람의 아들, 메시아를 본다.

흰 눈 내리는 성탄의 밤

흰 눈이 소복이 내려 쌓이는 성탄의 밤

속죄의 사랑이 온 세상을 감싸고
죄와 미움과 시기와 다툼
갈등과 테러와 전쟁의 이 땅에
평화의 아기 예수의 울음소리 들린다.

도심의 거리마다 건물마다
산타클로스 웃음 짓고
싱싱한 트리에 금빛 찬란한 별과
장식 방울, 색 전등 화려하게 빛나고
루돌프 사슴 코가 이끄는 썰매 달리고
징글벨 합창이 울려 퍼지는데
초가집 말구유에 아기는 보이지 않네.

아기 예수 오신 지 2000년이 지난 오늘
사람들은 상업주의에 빠져 돈독 오르고
육체의 쾌락 추구하며 파티 벌이고
황금, 유향, 몰약 대신 선물 꾸러미 들고
고요한 밤은 광란의 밤, 소란한 밤이 되었네.

구유에 누우신 아기 예수 그리스도
그리스도께 경배하는 크리스마스는
그리스도 없는 빈 구유 되고
육체의 광란의 밤은 깊어만 가네.

베들레헴 말구유에 누이신
아기 예수 홀로 울고 있네.
목자와 동방박사처럼 찾아가
황금과 유향과 몰약 드리며 경배하라.
하늘의 천사의 합창이 울려 퍼지게 하라.
"하늘에는 영광이요 땅에는 평화."

■수상 소감

목회자로서 문학을 한다는 것은 의도하는 것 같아서 문학활동을 적극적으로 하지 않았다. 그러난 일평생 목회사역에 한 손에는 문학을 들고 살아왔다고 할 수 있다. 이제 나의 신앙과 삶을 진솔하게 문학적 시어(詩語)로 정리하고 독자의 공감을 받는 것은 의미가 있고 행복한 일이라고 생각되어 등단을 한 후 순수한 마음으로 작품활동을 하여오게 되었다. 금번 한국교계에서 가장 권위있는 "한국 크리스챤 문학상"을 수상케 한 크리스챤 신문사와 선배 시인들게 감사드리고 영광스럽게 생각한다. 목회의 끝마무리에 서 있는 이 때에 문학에 대한 정진의 기대와 격려로 알고 책임감으로 초심대로 깊은 영성의 순백의 시어로 나의 신앙과 삶의 고백으로 하나님께 영광을 돌려 드리고 사랑받는 시인으로 한국 크리스챤 문학의 끝자락에서 작은 촛불을 계속 밝혀 드리고 싶다.

소의수 : 1939년 전주 출생으로 장로회신학대학교와 동 신학대학원을 졸업하였다. 미 풀러 신학대학원 목회학박사(D. Min) 학위를 받았다. 현 금성교회 담임목사. 저서로 『그리스도인의 신앙과 삶시집』, 시집 『옥합을 깨뜨려』, 『당신의 옷자락을』 등이 있다.

한국크리스챤 문학상 시부문 본상

단 필 호

예수 외 5편

예수

그대는
세상 사랑 때문에
마굿간에 내려와
노숙자가 되고
노동자가 되고
못된 놈 소리 들으면서도
잠못이루는 사람 곁에
뜬 눈으로 밤을 지새우신다

그대는
세상의 실패자가 되고
손가락질 받으며
자기 십자가에서
죽어가면서도
사랑한다고 고백하는 나사렛 사람

그대는
죽어서도
다시 나를 사랑한다고
사랑으로 살아나

하나님 나라 전하시며
구름타고 승천하신 메시야

그대는
다시 오실 약속 주시고
세상의 신부들 모아
공중으로 부르실 그날까지
내속에 영으로 살아계신
나의 구주 예수

희망

겨울이 아무리 추워도
봄이 올 것입니다.
봄이 오면
빈가지에 꽃이 피고
메마른 땅에도
새순이 돋아날 것입니다.
하여
눈보라 매서운 겨울도

봄을 기다리며 살아갑니다.

귓가에 당신의 음성이 있고
가슴에 그 믿음이 있어
못남도
연약함도
시련도
걸림돌이 되지 않습니다.

외로워도
사랑하는 이를 기다리며
행복할 수 있음같이
당신의 약속이 있어
영광스런 그날을 기다리며
감사하며
당신을 찬양하며 살아갑니다.

약속하신대로
새 기쁨과 행복한 날을
내게 이루시는 날까지

겉옷을 내버리라
–「막10:46–52」

꽃들은 제 모습 그대로
모든 만물이
있는 그대로 인데
사람만이 옷을 입고 있습니다.

맨 처음 사람은
옷을 입지 않았기에
에덴에서 살 수 있었습니다.
옷을 입기 시작하면서
하나님과 멀어져 갔습니다.

겉옷을 벗어 던지고서만
주님을 만날 수 있습니다.

모든 허영과 권위의 옷을
벗어던지고
모든 위선과 꾸밈을 벗어던지고
당신께 가겠습니다.
때 묻고

볼품없을지라도

당신을 뵈오면
밝은 세상이 열리고
구걸하고
방황하던 어둠에서
자유를 얻고
새 삶이 시작될 것입니다.

십자가의 길

-「고전1:18-25」

나뭇잎 땅에 묻히어
꽃을 피워내고
눈물과 땀에 젖은 사랑이
자식을 키워내듯
아름답고 숭고한 사랑은
땅에 떨어져 묻히고
자신을 희생하여
자기를 비우는 길입니다.

밑바닥까지 내려가면
하늘이 더 아름답고
욕심을 버리고
자신을 버리면
살아있는 모든 생명
스치는 거리의 사람들조차
소중하고 존귀해 보입니다.

자연히 소멸해가는 생명이 아니라
스스로 나누어 주고
스스로 비워가는
사랑의 길은
십자가의 길입니다.
구원의 길입니다.

눈이 열리던 날

-「눅24:13-35」

귀가 열리어

당신의 말씀이 들리던 날
마음이 뜨거워지고
눈이 열렸습니다.

그때
당신이 보였습니다.

내가 걸어온 길들 위에
늘 함께 걸으셨고
때마다
내게 말씀해 주신 기억들
절망과 두려움의 순간에도
실패의 순간에도
촛불하나 밝힌 작은 방에서도
한 조각 빵만으로 차린 식탁에도
어둠으로 닫힌 가슴에도
늘 함께 하셨던 당신이
보였습니다.

눈이 열리던 날에

너희에게 고기가 있느냐?

-「요21:1-14」

산 깊은 곳
임자 없어 잊혀진
묘 하나
비석조차 없어
이름조차 알 길 없는 사람
그 묘역에는
작은 새싹들이
다 살아버린
마른 풀 나뭇잎들과
어우러져 있습니다.

이렇게 사라지는 것이라고
남는 게 없는 것이라고
생명만이 영원할 뿐이라고

세상이라는 바다에
오늘도열심히 그물을 던져봅니다.
때론 욕심으로
때론 희망으로

때론 절박함으로
허나
빈 그물뿐입니다.
건져 올린 것은 허무뿐입니다.
빈 배와 빈 그물
비어 있는 세상의 바다

주님의 음성을 들어보십시오
허무의 바다에게
빈 그물을 충만하게 채우시는
그분의 말씀을….

■**수상 소감**

나를 살게 하시고 나를 불러주신 하나님께 감사합니다. 나에게 소원 하나가 있습니다. 나를 사랑하신 예수님 그 마음, 그 사랑을 사람의 글로 얼마나 표현할 수 있을까?

성경 속에 녹아 있는 사랑을 우리 교회 성도들에게 지금 우리말로 다시 써주고 싶습니다.아주 조금이라도 부족한 사람을 사랑해 주신 모든 분들께 감사하고 너무 과분한 칭찬과 격려 감사합니다. 주님 부른 날까지 열심히 노력하겠습니다. 감사합니다.

단필호 : 1950년 출생. 대전신학대와 장로회신학대학교 및 동 대학원 졸업. 영광교회 담임목사. 『한국시』 등단, 광나루 문학, 목양문학회 동인. 저서로 『귀향』, 『하늘에서 주신 사랑의 말씀 1.2』 외 다수 상재.

한국 크리스챤문학상 시부문 본상

윤 승 열

미처 몰랐습니다 외 5편

미처 몰랐습니다

보리떡 다섯 개와
물고기 두 마리
드림은
많은 것으로 채움 받는
축복이었습니다.

돌멩이 다섯 개
그것뿐
오직 믿음으로 나가는
다윗은
골리앗을 치기에
충분하였습니다.

과부의 두 렙돈을
드림이
가장 많은 것으로
주님께 드린
봉헌이었습니다.

드림과 나눔으로

얻은 것이
채워서 얻은 것보다
많고
나의 작은 소유가
이토록 풍성한 것인 줄
미처 몰랐습니다.

가슴 아픈 자의 소리

가슴 아픈 자들은
소리를 냅니다.
왜가리 철새들의
토하는 외침

그런데 이것들은 서로
사랑하는 소리랍니다.
정말 그런지는
아무도 모릅니다.

어제

벽제에 다녀왔습니다.
남편과 아빠를 보내는
트럼펫 같은 절규

사람의 애통이
트럼펫 소리보다
더 강한 것을
이제야 알았습니다.

가슴 아픈 자들은
소리를 냅니다.
그래도 부디 모두가
사랑하는 가슴의 고백이었으면 합니다.

예루살렘아 예루살렘아

아내가 준 용돈으로
다른 여자를 만나러 갔다가,

간음하다 현장에서 잡힌 여인에게

돌을 들었습니다.

내가 만나려는 여자 이름을
조용히 땅에 기록하는 예수를 보고

슬쩍 돌을 놓고 돌아서며 다짐했습니다.
예수는 십자가에 못 박아야 한다.

그리움 과다증

이별의 아픔보다
그리움의 고통이 더욱 진한데

만나지 못해 그리운 사람
만나도 그리운 사람

심장을 자르는 듯
심장이 터지는 듯
이 아픔 보듬어 안고
병원에나 가볼까나

진단명
그리움 과다증
처방
그리움 죽이는 약
치료 결과
그리움과 아픔 사라짐

그래도
그리움이 없는 사람은
짐승 같아서

숨 막히는 증상으로 괴로워하며
오늘도 많이많이
그리워하며 사네.

바 다

나는 변해도
변하지 않는 당신

항상 잊고 살지만
예전처럼 반갑게 맞이하여 준 당신

다른 사람과 나만의 추억을
아름답게 들려주는 당신

싸늘함과 아픔을 머금은 나에게
푸근한 행복을 뿜어주는 당신

좋은 사람과 동해하여
당신 앞에 다시 오고 싶은 나

그래도 질투하지 않고
당신은 하얀 미소를 짓는다.
나
회칠한 무덤의 위선을 담고
너를 향한 축복의 거짓을 말하며
아름다운 칭찬으로 비판의 비수를 품고
화려한 겸손의 꽃으로 장식한 교만과 함께
처절한 복수로 전하는 평화의 메시지를 말하며
청렴결백한 문패를 붙인 욕심의 집에서 산다.

■수상 소감

언어는 바벨탑의 아픔을 품고 있는 신음소리입니다. 죄인으로 태어나, 예수님의 십자가 사랑으로 용서받은 사람이 그 은혜에 감사하여 눈물 흘리다, 그 눈물로 다시 진흙 이겨 바벨탑의 벽돌을 만들고 있지나 않는지 생각해 봅니다. 그래서 항상 조심스럽게 시를 씁니다. 단어 하나에 더러운 냄새를 제거하고, 사랑을 품고, 용서를 품고, 순종을 품고, 회개와 변화를 품고, 섬김을 품고 그리스도의 냄새를 풍기는 언어로 거듭나길 바라며 쪼아봅니다. 미완성 교향곡을 바라보는 목마름으로, 기죽어 있는 부족한 자에게, 항상 열정적으로 시를 쓰도록 불붙여 주시고 용기를 주시는 선배 어르신들과 존경하는 심사위원님께 감사를 드립니다. 평생 주님의 손에 붙들린 악기가 되어 연주될 수 있다면, 그것으로 행복하겠습니다.

윤승열 :서울장로회신학대학 졸, 장로회신학대학 신대원 졸. 월간 「한국시」 등단. 현 먹골문화센타 대표. 현 코리아페스티발심포니(선교오케스트라) 목사. 현 묵동제일교회 담임목사.

한국 크리스챤문학상 시부문 본상

조 규 화

바람처럼 섬광처럼 외 5편

바람처럼 섬광처럼

달린다
나는 달린다
시큰 거리고
절룩거려도
힘껏 끌고 밀고 맴돌아 아우르다
휘영청 달빛고요 입에 물고
멈출수 없는 바람처럼
나는 달린다
나뭇가지 잎에 앉아 노닐며
염장지르던 저 영롱한 달이
심장에 박혀 혓바닥 이글거리고
번뜩이며 때로 휘파람 소리 내는데
혹시나, 떠나갈까
지레 움츠린 탄식 거두고 또 다시
가슴에 찍힌 지문 싸매고
수런거리는 빛의 축제 속으로 걸어가
알몸에 달빛 한 줌 뿌려
벼랑 타고 가시덤불 헤치고 나는 달린다
설령 닿지 못할 황량한 길일지라도
갈기 세운 조랑말처럼 숨막힐듯 나는 달린다

날카로운 섬광 꽁치 밟고
가장 목마른 상사화인양 달무리에 매달려
달 그늘 몽땅 제끼고 열병 깊은 사막의 폭풍처럼
멈출수 없는 바람처럼
나는 달린다

들국화

노을 비낀 언덕
들국화 몇 송이
잠시 물들었던 금박을 푼다

금박을 풀고
찬 서리에
오들오들 떨며 지새운 밤

향기로는 불러낼 수 없는
체온
빙점의 눈금으로 새기며

별이나 꿈꾸어 볼까
꿈꾸며 별이나 될까

비가(悲歌)

몽산포 백사장에는
아랫도리 감추고 상체만 내민 반라의
애달픈 인어가 사네

고운님 밀물에
아린 눈 반쯤 뜨다가
땡볕 가슴에 혼불 놓아
염천에 알몸을 달구네

메아리 없는 수평선
들끓던 열병에 목젖 돋아도
응답 없는 차가운 입술

포말로 자지러진 넋
하얀 침묵으로 침잠한

넋두리에 에로스도 울어

물거품에 달빛이 깃들 무렵
알싸한 설렘이 또 흔들어
허물 벗고서
부활한 인어들
해일 휘모리 장단에 온몸 적시며
밤새 연주하는 애절한
비가(悲歌)
오직 사랑으로
목소리만으로 설레고
곁에만 있어도 눈부신 그대
미친 듯 미칠 듯 미쳐버릴 듯…
견딜 수 없는 그리움으로 밝힌 화촉(華燭)

장미꽃보다 농염한
라일락꽃보다 향그런
미친 듯 미칠 듯 미쳐버릴 듯…
복사꽃 나부끼는 무릉도원(武陵桃源)에서
다 이룬 듯 누리 듯 행복한 여왕이라오

오직 사랑으로 만난
기러기떼 긴 행렬
미친 듯 미칠 듯 미쳐버릴 듯…

필설로 다 못한 안서(雁書)
하루가 영원인 듯, 영원이 하루인 듯
고운 금슬 숨비소리에 새기려오

이슬

장미의 농염
차마 지나치지 못해
꽃잎에 살풋 엎드린 옥구슬
영어되어버린 속삼임
달콤한 입술에 피가 묻어 있다

새벽이 빗장을 열고 눈뜨면
햇살에 놀라 헛발질로 실족한 진주알
길 잃은 바람의 꼬리에 찔려
피 흘리는 도리질

울먹이며 흔드는 작별의 손수건에도
빨갛게 피가 묻어 있다

고난의 길에서

지고천(至高天)
굼뜬 발길
뜬구름 쫓아 마실 다니며
아예 코뚜레 벗기려 버둥대다가
얼결 순종한 성지순례(聖地巡禮)

채찍에 핏방울 진 길
돌부리에 넘어져 입 맞추던 곳에서
싸늘한 침묵의 순례자도
납덩이에 눌린 듯 쓰러지면서
대신 십자가 진 구레네 시몬처럼
끌듯 끌리듯 시늉하며 뒤뚱거렸다

얼핏 광채에 끌려가니
지푸라기가 동아줄로
은밀한 비밀에 눈뜨는 환희

또다시 부르짖음에
내 혼에 사그라진 불티가
돌연

촛불 들불로 타올라

비로소 광휘로운 광영(光榮)을 만난다

■수상 소감

하늘의 영광, 우리네 가슴에 영원한 사랑. '오직 그리스도! 할렐루야!' '영광스러운 상' 소식에 무척 행복했죠.

제 어설픈 시를 뽑아 주신 크리스찬 신문사와 심사위원께 고개 숙여 깊이 감사드립니다. 날마다 회초리로 마음의 밭을 채찍질하여 '하늘 언어'로, 목마른 상사화인양 달무리에 매달려 '하늘의 영광, 우리네 가슴에 영원한 사랑'을 바람처럼 섬광처럼 노래하렵니다.

조규화 : 연세대학교 교육대학원 국어교육과 졸업. 국제 펜클럽, 한국문인협회, 한국현대시인협회, 한국기독시협 회원 , 과천문협 회원, 조선문학 감사, 조선시문학회 회장, 조선문학 작품상 수상, 크리스챤 신인 문예상 수상. 시집 『내 시린 샛강에 은하수 흐를까』 외 다수.

한국 크리스챤문학상 시부문 본상

박 순 자

내 가슴에 외 5편

내 가슴에

내 가슴에
고운 다신 계셨음에도
내 입술 순간 깨끗지 않았고

내 안에 계신 당신께
사랑을 고백한 순간에도
내 마음 누군가를 미워했으며

당신께서 계신 곳
탁류 흐르고 가시 돋아
탄식하시는 음성 듣지 못하니

내 영혼의 눈물
심령 골수 씻고 또 씻고
눈과 입술 부패한 마음 씻으니

내 영혼 가득
맑고 깨끗한 안식처로
당신과 함께 걸어갑니다

당신의 슬픔

당신의 슬픔 무엇인지
내게 보이시고
긴 밤 나와 동행하시자는
불면의 시간

죽는 순간까지 함께한다고
모두 다 주를 버려도
자신은 그러지 않겠다고
장담하던 베드로
그 처절한 배반의 모습
이미 아신 당신
그 아픔이 무엇인지
오늘 다시 보이신 당신은

영광의 보좌
하나는 주의 좌편을
하나는 주의 우편을 달라던
탐욕과 물욕에 눈 먼
그 얼굴 제게 보이신 당신은
가시면류관 아래 흐르는

붉은 핏방울
내게 보이냐고 물으시니

당신의 슬픔 무엇인지
이제 알겠느냐 물으시는
당신은
긴 밤 나의 눈물을 닦으시니

십자가

날 선 양날로
찢기는 아픔이란 것
고통의 면류관은 항상
사랑하는 자의 몫이라는 것
밀폐된 마음 깊이
겹겹이 숨겨진 공간 마다
이율배반에 익숙한
욕망과 정욕에 눈 먼 기록들
익숙하게 돌아서 외치는
사랑의 구호들 앞에

근시안으로 어두운 정체성
그 누구도 예외는 없다
가장 정직한 한 마디
인생의 고백은
“당신의 나라에 임하실 때
나를 생각하소서“

욕망의 화관을 내려놓고

욕망의 화관을 내려놓고
텅 빈 거리로 나섰다
무엇도 의식치 않는 낮은 자리
존재 의미가 아닌 공간에
번제 의식을 치른다
나의 껍데기를 벗겨 펼쳐놓고
자만과 오만의 각을 드고
욕망의 기름을 뜯어
불태운다
헛된 영광의 욕망
흘려보내는 제의(祭儀)

쥐어짜 토해내는 찌꺼기는
끝이 없다
비움은 채울 것이 있기에
설레임이 있는 것
태워버린 재를 털고
새털 마냥 가벼운 몸
일으킨다

삶의 정비소

뗏목을 타고
힘겨운 물질 유유히 왔건만
돌아보니 한 걸음이다
철렁 내려앉는 가슴으로
사방을 살핀다
누가 내 형제며 모친이냐고
물으시던 주님 말씀 앞에
자식과 남편을 앞세운
변명 벗어 버리고
다시 돌아설 수 없는

좁디좁은 막다른 골목길에서
골고다 십자가의 길을
걸어가야만 한다
인생의 프로젝트 안에서
삶을 묵상한다

당신을 알게 하소서

지식의 근본이신 당신
우리의 앎은 앎이 아니요
지혜의 근본이신 당신
우리의 지혜는 지혜가 아니니
당신의 손길로 만물 지으신
그 앞에 겸허케 하시고
오묘하신 당신 섭리 안에서
오만을 버리게 하소서
늘 새롭게 빚으시는 당신
만물이 당신의 작품
높고 낮음 없는 당신의 소유
사랑으로 빚으신 생명임을

진정 깨닫게 하소서
그 사랑이 무엇인지
오늘도 깨닫게 하여 주소서

■수상 소감

전혀 예기치 못했던 '크리스챤 문학상 본상'이라는 큰 상의 수상자로 선정되었다는 소식을 듣고 얼마나 감격했는지 모릅니다. 그러나 시간을 두고 곰곰이 생각해보니 주님을 사랑한다는 마음의 표현으로 인해 큰 상을 받는다는 사실이 복음의 불모지에서 조용히 헌신하는 많은 분들을 볼 때 부끄러운 일이 아닐 수 없습니다. 그러나 "나의 사랑, 나의 어여쁜 자야, 일어나서 함께 가자"라고 부르신 주님의 음성을 향해 "주님, 글로써 당신의 마음을 화창하고 쾌락하게 만들어 드리고 싶습니다"라고 고백하던 소녀의 기도를 떠올리며 나의 사랑, 내 주님께 "크리스챤 문학대상"이라는 기쁨의 면류관을 안겨드립니다. 항상 글이 앞서가기에 자책과 번민으로 나를 돌아보진만 수상자 선정 통보와 함께 내 안의 많은 자문답은 겹겹이 껴입은 많은 것들을 벗고 더 가벼이 주님 가신 좁은 길을 걸어가겠다는 다짐을 해봅니다. 부족한 글을 심사해주신 심사위원 여러분께 감사의 인사를 올리며 등단 처음부터 사랑으로 늘 이끌어 주시는 박영하 주간님께 감사드립니다.

박순자 : 국제펜클럽한국본부 회원, 한국시인협회 회원, 한국여성문인협회 회원, 한국문인협회 회원. 현 남서울비전교회 사역중. 시집 『그대 나의 바다여, 『그대에게 사는 길』, 『영광의 나귀』, 『내 사랑을 드리옵나니』 등을 상재하였다.

크리스챤 신인 문예상 시부문 최우수상

이 다 선

꽃 지는 저녁에 외 4편

꽃 지는 저녁에

꽃 지는 저녁 숲으로 가서
죽음마저 피해 가는 신비로운 사랑에 휩싸여
사랑과 영혼을 노래하는 그런 천향을 지닌
고운 영혼을 만나고 싶다

꽃 무릇 붉게 피었다 지는 들길에서
십자가 지신 주님 위하여
발바닥을 굵으며 신음이 새지 않을 만큼 울어 보았니
누군가 물어 오는 말에 답을 잃어버린 건
비단 나뿐일까 하고 고심하지만
어차피 답은 없는 이승의 사랑과 죽음이며
또한 아픔의 연속이려니

풀잎 같은 사랑을 앓고 난 후
아픔 속에서 더욱 더 성숙한 가슴 열어서
세상을 더 멀리 보는 여유로움으로 살라
조금만 깊게 더 사랑하면 지는 꽃잎이 될까 하여
열꽃으로 피어 버린 영혼의 아픔을
딛고 일어 나
다시 오실 주님을 맞을 준비 하면서

아버지의 하늘을 보라고 말해 주던
아름다운 천향을 지닌 그 한 사람
오늘 밤
꽃 지는 저녁 숲으로 가서
다시 만나고 싶다

오월이 오면

안개 속에서
한 점 티끌처럼 떠도는
초라한 나의 삶 속
온 우주보다 크신 하나님
찾아 와 함께 하시는
기적의 은총이여
감사이어라

겨울 지난 봄
보랏빛 등나무 꽃 아래서
두 손 모아 기도하는
소녀의 맑은 눈망울 속

눈물. 진주로 빛날 때
하나님 웃음소리
행복이셔라

꽃피는 오월
그리운 어머니 품처럼
아늑한 고향 산길 거니노라면
어디선가 가슴 가득 안겨오는
정겨운 그리움의 얼굴들
하얀 아카시아 꽃잎처럼 피어
온 산 향기 발하고
열아홉
나물 캐는 아가씨 마음은
아무도 모르게
붉은 사랑의 꽃
핀다.

나무

한 그루의 나무를 보았네

거친 비바람 속
넘어지지 않으려 몸부림치는
거대한 한 그루 나무의
흔들림

물가의 심긴
뿌리 깊은 나무처럼
바로 서게 하여 주소서
아우성치는 함성
간절한 눈물

아름다운 환청처럼
어디선가 들리는 한줄 음성
흔들리지 않으며 자라는 나무 어디 있으랴
비바람 속 너를 지키는 나의
사랑을 믿어라

우리는 모두 다 안개요
주인의 손에 움직이는 종이인형
넘어짐도 일어섬도 그의 뜻
그 누가 거역 하랴

첫사랑의 상처
사랑에 목마른 한 영혼의 방황

잎 두터운 거대한 동백 한 그루
산꼭대기 바위틈 신비롭게
향기 발하네

삶의 방향을 잡아 주듯
가지마다 휘어감은 사랑의 은빛 철사
흔들리는 가지마다 휘휘 감아 잡으시고
그윽한 사랑의 눈빛으로
저 하늘 끝에서 바라보시는
주님의 눈길 까닭에

우리 삶
한 그루 나무와 그 무엇 다르랴
모진 비바람 속 지키시는
그분의 손길에 사는
저 나무.

1000일 기도

천년의 근심

십자가 아래 내려놓고
기쁨으로 사는 법
익혀가는 훈련
기도의 삶

죽음도 떨었던
개척자의 뜨거운 열정
내가 앞선 어제는 무너졌지만
내일은 다시 일어나고파
몸부림치는 긴 세월 속
사막 지난 오아시스
생수의 강

한 생애
아무리 몸부림쳐도
내 힘으로 이룰 수없는 꿈
하나님 나라 확장
무릎으로 세워 가고자
1000일 기도드리는
무명의 전도자
그대
삶으로 아멘을 말하라

허수아비

생(生)의
외로운 들판에서
바람 불어 오지 않으면
움직일 수 없는
허수아비

성령(聖靈)이여
이 시간 내 안에 오시어
하늘을 날 듯 부드러운 몸짓의
사랑에 빠져
일어 설 줄 모르는 꽃 속의 나비처럼
한 세상
성령의 꿀에 취하여
가질수록 무거운 욕심 덩어리 던져 버리고
세상 근심 모르는 허수아비로
살게 하소서

동서남북
불어오는 바람 속 흔들리며
넘어지고 자빠질지라도?

성령의 바람 속 생명 맡긴 채
자유로운 몸짓으로 춤추는
복음 전도자
남은 생.

빈 집 찾기 1

살점을 뚝뚝 쥐어뜯는 숨막힘, 달려가 금새 누군가를 요절낼 듯이 살기 등등한 심장, 아무리 후려 쳐봐도 반응 없는 두터운 콩크리트벽, 불꺼진 수영장안을 맥없이 들여다보고선 분노, 기도를 드려도 금새 이루어지지 않는 답답함, 확인하고 또 확인했어도 잘못 본 강의 일정표, 눈물 한 점 없는 깡마른 가슴에 봄 비 좀 내려라.

아뿔싸! 켜켜이 쌓인 작은 아픔 한 줌을 쓸어 내려고 들었던 낡은 마당비 끝에서 미쳐 빠져나가지 못한 아픔 한 톨, 퇴적된 거름더미 속으로 떨어져 그토록 큰 아픔을 자라게 하고 있었구나.

아무리 백합화(白合花)이다 백설(白雪)이다 소리쳐 봐야 누가 듣기니 마치 발가벗은 달팽이 알몸처럼 부끄러운 아픔. 투명한 그 얼굴로서야….

손바닥 하나를 세워 눈물을 가린 내 시야 앞으로 "옷을 입어라" 섬광처럼 번득이는 시문학 교수님의 명강의가 스치는 순간, 넋 나간 사람 마냥 멍청한 눈망울 속 태양이 이글거린다 간신히 물 속을 허우적거리다 올라와 옷을 찾는 투명 인간, 어둠 속에 홀로 깜빡이는 낡은 가로등 하나, 한 평생 둥지의 슬픈 노예가 된 채 살아가는 처량한 달팽이 한 마리, 생애 단 한 번 애절한 핏빛 울음으로 진실한 사랑을 남긴 슬픈 가시나무 새 한 마리. 이 옷일까 아니면 저 옷일까 입었다 벗었다 수 없이 반복되는 시간 속, 착 달라붙는 촉감의 사이즈 하나 없이 모두 다 헐렁하고 어설픈 다윗의 갑옷들뿐이다

유월의 초하루 밤 강의 시간에 .
교수님! 제 몸에 꼭 맞는 옷이 없어요
그 누구 앞에 입고 나서도 부끄럽지 않을
수수하고 아름다운 시의 옷

가슴 속 눈물
뚝 뚝 떨어져 내리는 밤
비집고 들어갈 빈집을 찾지 못한
고열의 분노 한 줄기
풀리지 않는 수수께끼처럼

또 다시
미궁 속 가두어 둔 채
투명한
옷 한 벌 입는다.

■수상 소감

먼 바다를 향해 하다가 암초를 만나 무인도에 표류된 채 살아 온 외로운 한 영혼에게, 깃발을 흔들며 달려오는 그리운 임의 뱃고동소리를 들은 듯 가슴 설레는 흥분의 순간이어라.

고난을 통하여 나를 사슴의 발과 같이 높은 곳으로 뛰게 하시려 날마다 내 삶의 여정을 이끌어 가시는 그분의 놀라우신 숨결을 느끼며. 특별한 사명 받은 영혼의 외로움을 밖으로 토해 내지 못한 채 안으로 신음하던 숱한 고뇌의 아픔들을 마치 아름다운 장미 가시에 찔러 손톱 밑으로 몰래 흐르는 붉은 선혈들처럼. 앗! 하고 터져 나오는 숨겨진 아픔의 고백들을 이토록 고운 성시로 쓰게 하신 멋진 창조주 하나님께 감사드리며 또한 부족한 미작을 최우수작으로 선정해 주신 크리스챤 신문사 심사위원 제위께 진심으로 감사를 드립니다.

이다선 : 2008년 대한신학교 졸업, 현재 대한신학교 연구원 재학 중이다. 1993년 교회복음신문 「소낙비」 장려상, 「물빛 종소리」 가작 입상. 1999년 크리스찬 신문사 시부문 가작 당선. 2000년 총신대학교 100주년 기념 신춘문예 소설부문 「개척자의 아내」 최우수상 입상.

크리스챤 신인 문예상 시부문 우수상

박 은 순

은행나무 아래에서 외 4편

은행나무 아래에서

은행나무 아래에 서면
발바닥이 따뜻해진다.

무리지어 날아오르는 나비 떼들

덜 마른 수채화에서
젖은 은행잎 하나
내 발등으로 떨어진다.

노란 돛을 달고 뒤뚱거리는 배

생이
내 낡은 돛배를 바라다본다.

하마쯤
닻을 내려도 될까

부지런히 뒤척여도 쭉정이가 지는 하루

쉰다섯의 나는

깨물 수 없는 열매를 찾느라
떨어진 잎새를 부추기고 있다

개미, 산을 넘다

잠이 도망가 버린 밤이다
라캉이니 융이니 엄두가 나지 않는 길에 잘못 들었다
어디서 왔는지 불개미 한 마리가
내가 밤새 넘지 못한 줄거리를 쉽게 기어가고 있다
나를 따돌리고 가는 저 작은 흔적이 바위를 굴리며 간다
이해할 수 없는 행간처럼
걸을수록 발이 빠지는 길이 있다
기어서 넘을 수도 없는 나는
어두운 생의 귀퉁이에 쭈그리고 앉아
개미 속보다 작은 속내를 끄집어낸다
작은 개울 하나 내 안에 있어
해묵은 관념들을 빨래한다
여러 번 행군 의식을 새벽녘으로 널고
개미의 뒤를 쫓는다

스물거리는 브래지어 속에서
헐렁한 내 무의식을 깨물고
개미는 벌써 산을 넘어가고 있다

게에 관하여

저녁 찬으로 사온 게 몇 마리가 꿈틀거리고 있다
서슬 푸른 칼끝에 다리가 잘려나가도
거품을 물고 날 노려본다
제 몸이 끊어져도 놓을 수 없는 부분은 무엇이며
살아있는 것들은 어디까지인가
끓는 된장 국물에 동강난 게를 넣는다
비릿한 슬픔도 잘 익히면 향기로울 수 있다니
언제부터였을까
딱딱한 등을 지고 나는 세상을 기고 있다
굳어버린 등 밑으로 가끔 숨어보기도 하지만
끓는 냄비 속 같은 세상에
나는 어떤 향기를 남겨야 할까

개미, 장미 여인숙에 들어

뜰에 장미 한그루 가 서있다
시든 꽃송이에 코를 대고
꽃잎을 헤집고 있는 개미를 본다

가시 돋친 생의 꼭대기
이제 사립을 닫으려던 장미가
술 한 잔 권하고 있을까
꽃잎들이 자꾸 수런거린다

생은 가시 돋친 줄기를 기어오르는 것

꽃의 기억을 베고
개미가 장미 여인숙에 눕는다

늙은 작부들이 제 속살을 뜯어
꽃뜸을 뜨기 시작했다

지금
우리 집 뜨락에는
장미의 살 냄새가 한창이다

가을 강가에서

사람들의 눈물이
서로를 껴안으며 흘러간다

지금도 하늘꽃 너의 눈물과
땅에 꽃다지인 나의 눈물이

서로 몸을 비비고
만나고 있다

새들아 등을 등지고 날지 말아라

더는 돌아설 수 없는 발짓
더는 뿌릴 칠 수 없는 손짓

그랬었구나
스쳐 가는 마음들

너는 나였고
나는 너였던 것

멀리 오지 않아도
하마
알게 되는구나

김목수 고향에 가다

그의 등걸은 진화해 갔다

잘라낸 고단함을
밤마다 안주로 삼킨 탓인가

주머니 속 부스러진 꽁초처럼
가난의 찌꺼기들이 웅성거린다

사철 남의 집만 짓고도
가끔 금송아지 울음을 듣는다
그런 밤이면 두고 온 고향이
컨테이너 숙소로 들어선다

안전모 밑으로 기어드는 목숨을

지탱할 빔 하나 세우지 못해 오늘
내려앉고 싶은 세상으로 떨어졌다

탕진한 젊음이 달려와
그를 고향으로 데려간다

■수상 소감

생의 무게를 못 이긴 가난한 마음 탓일까요. 더운 여름날을 한껏 엄살을 하며 병상에서 편히 보내고 있었습니다. 그런 제게 하나님은 빈 자리를 염려 말라시더니 은혜롭게도 이런 큰 상까지 받으라 하십니다. 늙은 아낙의 해묵은 넋두리를 눈여겨 봐 주신 심사위원님들께 깊이 감사드립니다. 이 길로 이끌어주신 길손교회 최정식 목사님과 사모님 그리고 정다운 교우들과 이 기쁨을 같이 하고 싶습니다.

박은순 : 전남 벌교 출생으로 2004년 한국예총 구미 문학상 시부분 동상, 2006년 천안 문협 민촌 백일장 시부분 장원 등을 수상하였다. 현재 천안 여류시 동인 회원, 천안 문학 회원.

크리스챤 신인 문예상 시부문 우수상

정 연 식

대추리의 노래 외 4편

대추리의 노래

어릴 적 뒤뜰 작은방에서
바라본 주홍빛 노을은
유난히도 아름다운 하늘이었다

너른 초록 들판은 가슴 트이게 하고
황새울엔 백로가 거닐며
늘어선 갈대의 여유는
평온의 꿈자리였다

고향의 추억이 물들어
안식이 되고
생명의 땅으로
아직도 베풀기만 하는
고마운 이름, 대추리

미군부대를 늘린다고 하기에
대추리에 남은 사람들은
혼신을 다해 부딪혀도 보지만
애써 일구어낸
삶의 터전을 뒤로 하였다

벌써 보상받아 나간 집터엔
부숴진 벽돌의 잔해들 뿐
애잔하고 가슴이 숨죽여 온다

지금은 씨앗도 뿌리지 못하는
농군의 땅엔
울타리 쳐져 겹쳐진 철조망
바라만 보면 한숨을 들이키고
마음이야 찢기지 않겠는가

아버지의 고향,
보석 같은 동심,
노인정 옆 평화동산의 파랑새가
세상 누울 자리까지
사랑노래 부르리라

어느 가을 길가에서

노랑 파랑 빨강 신호등에 맞추어
분주히 지나가며 매연을 뿜어대는

재미없는 자동차들
소란스런 경적 소리가 공중에 솟구치네

잿빛 하늘에 가려진 햇살은 어디쯤인지
길가에 늘어진 가로수는 야위어 보이고
소슬한 바람만 흐르네

인형 같은 행인의 얼굴엔
상념의 그늘이 드리워지고
행복의 발자국은 저멀리
달음박질 치고 있네

멀리서 들려오는
의연한 경운기 소리에
내눈은 휘둥그레지고
황토빛 흙이 묻어 있는
토실한 무다발이 일렁이는 건
상막한 거리도 춤추게 하네

얼굴도 모르는 검게 그을린
경운기 아저씨가 그저 고마울 뿐인
어느 가을 길가에서
노을은 처연하게 쓰러져 가네

친정집

가을 걷이가 끝날 무렵
깊어가는 가을날에 어머니 생신이셨습니다
어릴적 살던 집에
맑은 숲속 비둘기집처럼
평온으로 무장되어 문턱을 밟았습니다

담벼락에 주황빛 금잔화가 가지런히
앉아서 나를 보고 환히 웃어 줍니다
그래서 나도 따라 웃습니다

내 생전에
언제나 그리운 자리
한겨울의 명주솜 이불 속처럼
포근하고 따스한 자리
애잔한 강물처럼
뭉클한 그리움이 진한 자리
그 곳에 누워 봅니다

내 생이 다하는 날까지
그 자리에 가끔 앉고 싶지만

세월이 그렇지 않다고 말해줍니다
어머니는 어머니이까요

당신이 잠든 사이

난 날개달린 천사이고 싶습니다
그대곁에 살포시 앉아
그저 바라보고만 있어도 행복하거든요

눈을 감아보면 그리움이 영글어
알알이 퍼져 흩뿌립니다
그저 맘속에 그려볼수만 있어도 족하거든요

날마다 당신이 잠든사이
바라보던 눈빛과 향기를 담고
살짝이 입맞춤으로 인사하고 다녀갑니다

난 당신 방안에 어둠이고 싶습니다
그대 감은 눈속으로
그저 가만히 들어가 앉아있어도 되거든요

내가 살아갈 이유가 되고
아무런 의미없이도 웃음이 절로 나옵니다
그저 함께 숨쉴수만 있어도 족하거든요

날마다 당신이 잠든사이
따스한 손길과 그윽한 사랑을

사과를 깎으며

그토록 아리따운 너는
내 손에서 불그스레해지며
맘껏 뽐내고 있다
깨끗이 몸단장 하고
다소곳이 눈을 마주친다
어찌 할이거나
시퍼런 칼날이 몸끝을 베어나가면
노오란 속살이 드러나
설컹대는 소리에 정신나간듯
순간, 끔찍하게도

손가락 끝엔 핏방울이 주르르 흘러 내린다
돌이켜봐!
한 입 베어 문 입가엔
허공이 그득해진다
애오라지, 영혼이 어우러지고 물들어져
속속들이 베어나면
사그라진 사랑도 진정 깨어난다

■**수상 소감**

짙은 초록이 물든 7월의 아침, 나른한 일상으로 매일이 그 날처럼 무뎌질 때였습니다. 한 통화의 전화는 그토록 갈망하던 꿈이 이루어짐에 가슴속 깊은 곳에 기쁨이 한껏 충만 합니다.부족한 제 글을 선하여 주신 심사위원님께 진심으로 감사드립니다. 또한, 항상 의로운 눈빛으로 함께하시는 하나님께 영광을 돌립니다. 앞으로 더욱 시를 사랑하는 마음으로 사람의 향기가 그득한 시를 쓰도록 노력 하겠습니다.

정연식 : 1968년 경기도 평택군 팽성읍 대추리 출생. 한국방송통신대학교 중어중문학과 졸업. 현재 국립 한경대학교 구내서점 근무.

■크리스챤 신인 문예상 시부문 가작

김 사 철

낮은 자세로

주님은 나에게
낮은 삶을 살라고 합니다.
지극히 높은 곳에서
스스로 낮게 오신 당신따라
낮아지라고 합니다.
감당할 수 없는
조롱과 고통을 당하면서까지
낮아지고 낮아진 예수
당신은 나의 표상입니다.

내가 당신의 성품을 따라
가난한 자 외로운 자 병든 자들에게
내 마음과 손길을 보낼 때

당신은 나에게
낮아진 아들이라고 칭찬했습니다.
낮아지는 것은
이웃을 사랑하는 것
낮아지는 것은
가난한 자를 구제하는 것
낮아지는 것은
상대의 마음을 읽어주는 것입니다.

내가 낮아질 때
당신의 손길을 내 어깨 위에
올려놓기가 편합니다.
내가 낮아질 때
나에게 가까이 하는 사람이 많습니다.
내가 낮아질 때
당신의 소리를 들을 수 있고
내가 낮아질 때
이웃의 소리를 들을 수 있습니다.
내가 더욱 낮아지고 싶은 것은
당신의 일을 맡아하기 위해서입니다.

내가 낮은 자세로
당신 앞에 서고 싶을 때
당신은 나의 어깨를 두드려주고

나의 상급이 큰 것을 알게 하십니다.
내가 낮아지는 것은
당신을 이해하고
이웃을 이해하는 것입니다.
당신이 섰던 자리에
나도 지금 서고 싶습니다.

김사철 : 1937년 경북 김천 출생. 서강대 언론대학원 신문학과 졸업 석사과정 수료. 현 도서출판 바울서신사 대표.

■크리스챤 신인 문예상 시부문 장려상

정 은 애

한 사람

한 사람이 소중하다는 것
그가 걸어왔고
그가 걸어가고 있는 자취들이
나와 너에게
감동과 도전과 설레임을 준다

그 한 사람이 아니면
다른 사람에게는 없는
전무후무한 나에게만 있는 한사람
많은 사람이 다 한사람은 아니다

한 사람은
한 사람으로 존재하기에

그 한 사람이 없다는 건
또 있고 있는 사람이 아니라
그 한 사람이 없다는 것이다

마더테레사 수녀는
나는 한 사람을 사랑할 뿐이다라고 했다
온 인류를 가슴에 품고
크나큰 사랑을 했음에도
한 사람의 소중함을 일깨워 주었다

그 한 사람이 없다는 건
우주 하나가 없다는 것이다
그 한 사람이
소중하다.

■크리스챤 신인 문예상 목회부문 우수상

황 귀 향

고향 교회에서

유년 시절

내 고향은 경북 의성군 단북면 노연동 560번지에서 태어났다. 부모님은 객지생활을 하시다가 고향에 돌아와 나를 낳았다. 그래서 내 이름을 귀향이라고 지으셨다.

단북 초등학교 1학년 시절의 이야기이다. 교감 자격을 가지고 교무로 일하시던 아버지가 담임교사가 되었다. 이러던 어느 날 가을 쯤 동네에 계시는 장로님이 찾아오셔서 아버지께 부탁 하시기를 "500호 되는 이 마을에 교회가 없는데 황 선생 교회하나 세워봅시다."라고 장로님은 말씀하셨다. 그 때 우리 집 가정환경은 아버지는 교회도 안 다니시고 어머니는 정수사라는 절에 자녀 남 2명, 여 6명, 자녀 모두를 절에 등록해놓고 열심히 불경을 외우며 시주도 많이 하는 부잣집 사모님으로 소문 나 있었고, 점과 굿을 자주하는 그런 가정이었다. 그때 내 이름을 놓고 점을 치면 나오지 않는 다고 점쟁이가 말한 적도 있었다. 이때 나는 이미 이 마을의 교회는 너가 짓게 될 것이다. 라고 어린 초등학생인 나에게 자꾸 그런 음성을 들려주셨다. 내 별명이 골목대장, 독사, 대추가시 이렇게 별명이 붙을 정도로 용감하고 강했던 나에게 두려움, 떨림, 아찔함... 이런 무수한 감정을 느끼게 했고, 나는 "아니요, 저는 못해요. 절대 못해요." 라고 대답하기만 했다. 나의 거부 때문인지는 몰라도 초등학교 4학년이 되었을 때 원인도 모르는 배 아픔과 어지러움에 시달리며 학교에 갈 수 없을 정도로 연약해졌다. 그리고 이 사실은 동네와 학교에 소문이 다 났다. 이런 이유모를 아픔과 고통으로 5학년에 올라가지도 못하고 죽을 지경이 되었었다. 이런 때에도 나의 어머니께서는 불경을 항상 외우셨다.

세월이 지나도 나의 어머니께서는 불경에 의지하는 생활을 계속 해 오시다가, 많은 신이 붙어 버렸고, 그 이후 굿에 빠지셔서 철야 굿은 물론 전국 무당이란 무당은 다 불러다가 굿을 하셨다. 이 때 성령님께서 저에게 주기도문과 사도신경을 외워라 하는 믿음을 주셨다. 이런 어머니를 보고 우리 반 친구들은 나를 보면 "굿만 하는 집, 예수도 모르는 집!"하면서 비웃고 단북 교회를 다니는 경옥이라는 친구는 특히 더 빈정댔다. 너무 화가 나서 경옥이와 싸웠었던 기억도 난다.

나는 이런 어머니를 위해 매일 매일 하루 수만 번, 주기도문과 사도신경을 외웠다. 믿음 을 가지고 구하는 나에게 드디어 기적이 나타났다. 어머니를 괴롭히던 귀신은 결국 떠나고 어머니는 기도원으로 인도되어 예수를 믿게 되었다.

고등학교 시절(음악에 대한 비전과 대학 진학)

지금은 안동대학교에 음악교수로 활동 중이신 목사 사모님은 내 중학교 시절 음악선생님이셨다. 이 선생님께서 음악에 대한 나의 소질을 일깨워 주셨고, 많은 칭찬과, 비전을 제시 해 주셨다. 몇 년 뒤 고 3이 되어 또 다른 음악선생님을 만났고 성악을 하라는 권유를 받았다. 그때 아버지께서 나를 많이 밀어주시고 경제적으로도 많은 도움을 주셨다. 하지만 입시 때문에 여러 가지로 너무 힘이 들었고, 이 길에 대한 확신이 필요한 나는 이때부터 더욱 열심히 기도하기 시작했다. 얼마 뒤 성악공부에 대한 확신을 응답받았고, 입학하기로 결정했다. 그래서 나는 음악대학교에 들어가기 위해 실기를 치게 되었고, 실기장의 사람들이 오늘 시험 친 학생 중에 너의 소리는 천사소리로 들렸다. 걱정 말고 집에가 감사만하라고 말했다. 어떻게 될까 염려하던 나에게 하나님께서는 꿈으로 합격할 수 있다는 확신을 주셨다. 그리하여 며칠 후 합격증을 받았다. 얼마나 기뻤는지 하나님께 감사했는지 눈물 기도를 드렸다.

갈등이 많았던 대학시절과 사업의 축복 시기

대학1학년 때와는 달리 2학년 시절에는 대학에 대한 희망과 꿈, 모든 것들이 귀찮아지기 시작했고, 회의와 실망이 나를 엄습해왔다. 그래서 무작정 기도를 시작했다. "아버지, 나에게는 감사한 마음이 없고 기쁨이 없습니다. 나는 죽고 싶습니다. 하고 기도할 때에 3시간 이상을 방언으로 기도하며 깊은 기도를 했는데 불세례를 받았다. 이런 나에게 하나님은 은혜를 주셨고, 덕분에 나의 어려움을 극복 하였다." 이때부터 신학교로 편입하여 신학공부가 하고 싶어졌고, 육신의 아버지께 제안했더니 그것만은 안 된다고 만류하셨고 신학공부의 꿈은 접을 수밖에 없었다. 어느 덧 나는 4학년이 되어 졸업을 앞두고 또 한 번 많은 갈등으로 고민을 하게 되었다. 그래서 "하나님, 어떡할까요. 교직과목 이수는 했지만 박봉에 시달리는 교사가 너무 싫고, 저는 한 번에 많은 돈을 벌어 그 돈으로 공부와 교회봉사도 더 많이 하고 교회도 지으며 그렇게 살고 싶습니다." 하고 기도하고는 음악학원을 하기로 결심을 하게 하셨다. 졸업 후 처음 학원을 개원했고, 하나님의 은혜로 학원이 터져나가도록 학생이 많았다.

어느 날 성령님께서 '너가 섬기는 교회가 분열이 많다. 제대로 된 것 하나 없으니 하나님의 성전이 이것이 무엇이냐!' 하는 음성으로 나를 꾸짖었고, 나는 두려운 마음에 회개하며 기도했다.

결혼과 연단의 시절

1984년, 11월. 결혼을 하라는 부모님의 강권으로 나는 하기 싫은 결혼을 초등학교 동창인 동창생과 중매를 하여 결혼하게 되었다. 결혼을 할 마음이 없어서 하나님의 응답을 기다리며 기도를 했다. 기도의 응답은 '너가 앞으로 하나님께 쓰임 받는 종이 되는데 이 가정에서 훈련을 받아야 한다.'는 것이었고, 나는 그냥 순종하기로 했다. 시댁은 예수 안 믿는 가정이었고, 너무 혈기가 많았다. 또한 시어머니가 두 분이라 매일 갈등이 많은 집안인데다 대농가였다. 결혼하기 전 대충은 아는 환경이었지만 그렇게 심한 줄은 몰랐다. 핍박이 시작되고 환란의 길로 접어든 나에게 하나님이 얼마나 원망스러웠으면 자다가도 울고 밥 먹다가도 울고 매일 나의 삶은 눈물의 삶으로 바뀌고 말았다. 어느 날 지적인 분위기가 많고 공부도 잘했던 남편이 돌변하기를 시작했고, 신앙생활을 싫어하는 남편이 나의 신앙생활을 눈치 채고 "너 또 예수한테 미쳤구나. 눈이 퉁퉁 부었네. 더 붓게 해줄게." 하면서 닥치는 대로 매를 들고 돌과 연장을 들고, 나를 교회에 못가도록 문을 잠궜다. 어린 사명이 아들을 세례받기 위해 기도하는 나에게 도움은 커녕 매일 몰매로 세례도 못 받도록 걷지 못할 정도로 다리와 얼굴에 피멍이 들고 그래도 가겠느냐 하면서 나를 조롱하던 남편이 도로 나에게 유아세례 받을 마음을 더 굳게 하면서 죽음을 각오하고 아들을 데리고 교회에 가서 혼자 나는 기도하면서 아들을 향해 눈물을 머금으며 세례를 받았다. 내가 확신했던 것은 하나님과 나와의 관계가 정립되면 분명히 승리하게 하실 하나님을 바라보며 대학 2학년 때 나의 가슴에 하나님의 은혜가 가득 매어져서 불세례 받아 예수님 없이는 못살아 하며 기뻐했던 기억들이 나를 굳세게 만들어갔다. 그리하여 신앙 없는 형제들에게 찾아가지도 않았고 대화도 하지 않았다. 그러면서 하나님의 뜻을 기다리며 기도하기만 했다. 나는 앞으로 전도사로 일할 각오로 매일의 삶이 24시간도 부족해 25시간 기도로 엎드리지 않고는 어려움을 극복해 나갈 수 없는 세월이었다.

신학공부의 시작

결혼 하자마자 맏며느리가 제사도 팽개치고 여러 가족들을 위하여 살기보다 하나님 제일 주의로 살기로 작정하고 새벽예배 수요예배, 주일예배 너무나 열심히 매달리기를 시작했다. 이때 나에게 잠을 한 시간씩 자고 기도하게 하신 하나님께서 또한 25시간 기도로 주님을 만나게 하셨고 확신으로 가득 차게 하셔서 나에게 대학 4년제를 졸업하고 또한 음악학원장으로 중고등학교 교사로 나의 체면, 나의 모든 자신감 다 주님 앞에 내려놓기를 원하고 계시는 하나님의 뜻에 순종하고 성경학교에 입학하게 되었다. 가정에서 이렇게 개척자로서 어려운 나에게 만장일치로 목사님들이 수석졸업을 하도록 밀어주셨다. 또한 우리 가정에 장로 한명 없고 권사 한 명 없고 집사 한명 없는 영적인 무지의 가정에 전도사 구실을 단번에 합격하고 저를 키워주신 목사님들께서 여러 명이 서로 교육전도사로 쓰시겠다 하는데 나의 마음은 내키지를 않았다. 분명히 하나님께서 다른 뜻이 계시는 줄 믿고 기도했더니 여러 가지를 유익하도록 하시는 하나님께서 가정도 있고 자녀도 있고 사업도 있고 제일 가까이 있는 제일 작은 교회, 할아버지 전도사님이 개척하신 고향면으로 가라고 응답을 주셨다. 그러나 나는 궁금하기를 하나님!, 훌륭하신 목사님에게 지도를 받고 좀 더 큰 교회에 가고 싶은데요. 하고 기도를 했다. 그러나 하나님은 계속해서 순종하라고 명령하셨다. 순종하고 보니 새벽기도 인도를 10일 이상 할 수 있었고, 뜨거운 가슴을 펼치기에 너무도 좋은 교회였고 인간적인 생각으로 계산했던 내가 부끄럽기까지 할 정도로 은혜가 넘치는 교회였다. 모 교회가 가깝고 목사님께서는 담임 교역자인 할아버지 전도사님께 전도사가 전도사를 쓰면 되느냐고 하면서 인재를 모 교회로 다시 보내달라고 하면서 거의 2년 동안 억지를 쓴다고 늦게 말씀하시는 전도사님의 꿋꿋한 신앙과 믿음이 존경스러웠다. 그러다가도 1년을 더 있어 3년을 채우고 대구에서 벌써부터 알고 지내던 목사님께서 대구 모 교회로 오라고 강권해 주셨다. 그 덕분으로 에베소서 강해를 자신 있고 은혜롭게 가르치는 담임 목사님께서 에베소서를 다 이해하고 보일 때까지 임지를 굳히고 있으라고 하시면서 늘 세대의 인물로 쓰임 받을 황전도사님이라고 칭찬을 아끼지 않으시며 격려를 해주셨다. 교육 전도사 하면서 기도원 설립 예배를 드리라는 성령님께서 주시는 마음으로 기도원 설립예배를 드렸다. 김천 시골 모 교회 교육전도사로 가 있을 때의 얘기다. 잘 나가던 나에게 남편을 통해서 부잣집 땅이 다 넘어가게 되고 남편은 집에 오기를 꺼리고 왔다 하면 신경질을 내고 하는 사람으로 변해 있었다. 차사고도 12년을 한 번도 낸 적이 없는 남편이 7번이나 사고를 내고 사람이 죽었다고 어느 날은 전화가 왔을 때 철야기도를 하며 하나님, 예수 믿는 내가 부끄러워서 입도 벙긋 못할 정도입니다. 아버지, 무슨 뜻이 계십니까. 그러고 보니 나는 전도사로 순종했는데 한 3년 있다가 시련의 연속으로 경제적 연단으로 어찌 해야 할 지 나의 갈 길을 모르는 처지가 되었다. 이때 차비가 천 원이 없어서 걷기도 많이 했고 7개월 동안을 나의 차량도 없게 되어 손들어 스톱을 해서 교회가기를 시작했다. 그때마다 다 태워주시고 전도하도록 때로는 경제부도로 이리저리 다니는 사람을 만나게 했고 때로는 가정불화로 강물에 가서 빠져죽겠다던 차 운전수를 전도하기도 했다. 그러고 보니 어려운 중에서도 하나님의 뜻은 분명히 있음을 깨닫기도 했다. 그 교회를 나올 때쯤 해서 역사가 일어났다. 차량 없는 나에게 차를 하나 사 주셨다. 열심을 품고 주를 섬기는 그 모습에 감탄했다 하며 차량을 선물 했다. 경산 모 교회에 있을 때의 얘기다. 내가 있는 거리에서 두 시간이 넘는 산골 교회였다. 금요철야예배를 드리고 오다보면 신령세에서 차 앞에 늑대도 몇 번 만난 적도 있고 비가 너무 많이 와서 차를 끌 수 없어서 촌 어느 집에 들어가니 마침 저와 같은 성을 가진 주인집이어서 자고가라고 할 정도로 지내면서 전도하고 비 그친 다음 늦게 집에 오니 내가 사는 곳에는 비가 오지 않아 거짓말 한다고 남편이 또 야단법석을 치는 그런 때도 있었다. 또 김천 시내 모 교회에 교육전도사로 가게 되었다. 첫 임지를 가는데 새벽 3시에 나서 가고 있는데 폭우가 와서 30분 가다가 차가 다 막혀 도저히 갈 수 없는 상황이 되었다. 그러다보니 훤해졌다. 그때만 해도 운전이 서툴러 아버지, 어떡할까요. 하는데 손을 들어서 세워 가라. 마음을 가지고 손을 들어서 세우니 아무도 위험한 상태에서 태워주지 않다가 마지막 한 사람이 태워주셨다. 그리하여서 겨우 시간 내에 아홉시 5분전에 도착했다. 온 교인이 박수치고 야단이 났다. 대단한 전도사님을 보내주셔서 감사하다고 기도를 올렸다. 고아원으로 시작한 이 교회가 고아들이 반 이상이 되고 일반 아이들이 반이 좀 못되는 그런 교회이었는데 목사님 자녀가 6살이나 되었는데도 강대상에 와서 눕고 고아들은 기를 죽이면서 간식이 모자라도 그 아이는 3개, 4개 가지고 욕심쟁이, 고집쟁이였다. 나는 도저히 참을 수가 없어서 목사님 아들이 그러면 되느냐고 호통을 쳤다. 그것을 들은 목사님과 온 교인은 숙덕거리며 서 있었다. 나는 눈치를 채고 하나님, 아버지. 이제 마지막 바른 말을 하고 교회 세우라는 명령을 초등학교 아홉 살 나이에 하셨지요. 고향에서 선지자도 대접을 못 받는다는데 확신을 주셨사오니 순종하겠습니다. 하면서도 돈도 없고 일정한 수입도 없고, 남편은 멀리 가고 눈물 밖에 나지 않는 상황에서 목사님은 다음에 얘기하고 나가도록 호통을 쳤다. 인간적으로 생각하면 이해가 안 되었지만 하나님의 응답으로 알고 목사님, 미안하거나 다른 생각 마십시오. 이제 하나님의 때가 왔습니다. 친정 옆집 강대상을 옮겨 놓고 거미줄 친 집에서 집회를 시작하고 개척을 시작해야 되는 시간표입니다. 하고 얘기 했을 때 너무나 미안하고 괴심하고 했던 목사님의 모습이 안심하고 편한 마음으로 바뀌어 가는 것을 느꼈다.

고향 마을에서의 개척(2001년 5월 말경)

그러던 어느 날 마을 사람들이 예수도 안 믿으면서 구경하러 집회시간이 되면 30명 내지 40명이 오게 되었다. 집회를 시작해 찬양을 하는데 모기가 그만 나의 입에 들어가서 그 길로 밥을 못 먹어 강권적인 금식을 3

일하게 되어 그 다음날 김 권사님이 오셨다. 황 원장, 이렇게 됐나? 하나님도 너무하시다. 하며 울면서 내일 대구가자. 이유도 묻지 말고, 천막을 약 30만 원짜리 사 주고 집회를 하라고 했다. 집회를 하는데 환상이 보였다. 6개월 후 붉은 벽돌 건물이 지어지며 교회가 아름답게 설 것입니다. 공포를 하니 권사님 두 분과 믿지 않던 여러 명이 서로 쳐다보며 중얼거렸다. 이미 집회 시작하기 1년 반 전부터 동네를 돌면서 매일 기도를 했었다. 어느 날 동네에 사는 조카뻘 되는 상원이를 만나게 되었다. 상원아, 너희 집 앞에 땅을 사려고 하는데 주인이 어디 있는지 아니? 하니까 우리 집 사세요. 아버지도 돌아가시고 제가 빚이 있어서 처리 할렵니다. 빚이 얼마냐. 하니까 집 시세 보다 더 많은 돈에 잠겨서 급하다고 했다. 아버지는 술주정뱅이로 병마에 시달리다가 집은 물구덩이에 볼품없는 쓰레기터였다. 거기다가 50m 위에는 절이 서 있었다. 굿을 하고 음식물이나 옷도 걸쳐 놓는 장소로 쓰이는 이 집을 내 마음에 사고 싶다는 마음을 주셨다. 하나님께서 땅을 축복만 하시면 새 땅으로 바꿔주실 것을 확신하게 되었다. 그 당시 나의 품에는 돈도 없고 믿을 만한 곳이 없었다. 그때 하나님께 부르짖는 대로 하나님, 저에게 약 36년 기도하게 하신 하나님이 분명히 응답이 있을 줄 믿습니다. 하고 기도하는데 전화가 왔다. 천국 갈 때까지 밝히지 말라하신 분이 이전 비까지 돈을 입금해 주셨다. 무사히 빨리 이전하고.

대신대 3학년에 편입하여 왕복 5시간을 왔다 갔다 하며 공부하랴 건축하랴 바쁘게 보내게 되었다. 건축하려고 할 때쯤 처음 임지에서 만났던 전도사님 내외분이 은퇴하실 때가 가까웠는데 사모님이 중풍으로 쓰러지셨다. 딸이 두 명인데 목사님 사모님이라 자주 올 수 없는 형편이었다. 그래서 전도사님은 나를 영적인 셋째 딸로 삼으시고 바라지를 부탁했다. 처음 임지를 하나님의 응답으로 예비 된 그 장소로 순종했기에 개척 멤버 제일 큰 일꾼으로 건축도 5번 하시고 경험도 솜씨도 많으신 전도사님 내외분을 선물로 하나님께서 주셨다.

2002년 2월의 기공 예배

이리하여 건축이 시작되고 어느 날 기도를 하고 있는데 나는 이름 그대로 고향을 좋아하고 뭐라도 고향을 위주로 하는 마음이 있는 나에게 벽돌을 위해 기도하는데 우리 면에 있는 공장에 갈려고 마음을 먹었다. 그런 나에게 전도사님은 다른 면에 많은데 구태여 이 면에 해야 할 필요성이 무엇이냐고 따지고 물었다. 그러나 전도사님, 이틀만 더 기다려 봅시다. 뭔가 응답이 올 것 같습니다. 하고 말한 다음 그 이튿날 방송을 하는데 우리 면에 거하는 자로서 관공서 건물이면 좋고 개인 건물이라 할지라도 우리 공장에 벽돌을 폐기처분하고자 하오니 마음껏 가져다 쓰십시오. 하고 방송한 것을 전도사님이 내가 학교간 사이에 제일 먼저 들으셨다고 한다. 그리하여 우리는 지게차를 맞춰서 벽돌을 실어 오후 늦게 갔다. 그리하여 3만 8천장을 실어다가 길가에 부잣집 같이 쌓아 놓게 하셨다. 또한 하다가보니 4판이 모자라 다른 면에 사러 갔는데 그날따라 군내에 차를 맞추려니 한 대도 없었다. 돌아와서 다시 우리 면에 전화를 해보니 마지막 4판까지 가지고 가라고 했다. 그리하여 완전하게 하시는 하나님께 영광을 돌리고 건축은 잘도 올라갔다. 6개월 만에 완성된 교회가 아름답기만 하다. 건축하고 몇 개월 있다가 교회 주변에 있던 절이 할머니가 돌아가시므로 절이 없어지고 교회 건축하고 2년 후가 되었을 때 하나님께서는 내가 했다 할까봐 철두철미하게 항복하게 하셨다.(2004.6월)

돈이 다 막혀서 공급이 되지 않고 교회가 경매 직전까지 가도 역사가 일어나지 않았다. 학교를 다니면서 매일 제단을 부여잡고 기도하는데 일주일 만에 이제야 역사가 일어났다. 모든 경매 여건을 언니를 통해서 다 풀어주셨다. 그러고 어느 날 돈이 없어서 언니에게 돈 재촉을 받고 울고 있는데 내 머리를 다 뜯고 아들까지 공부시키지 말라 하면서 나를 희롱하고 욕하고 저주했다. 그러나 나는 한 마디 말없이 머리를 돌리고 눈물만 흘리며 몇 시간 후에 집에 와서 참았던 그 울음이 터지면서 심한 위경련으로 병원에 입원할 정도가 되었다. 그때 하나님께서는 너가 믿는 예수가 어떤 지를 앞으로 보이리라 확신을 주셨다. 그러면서 교인을 위해 기도하고 있는

데 정신장애자를 보내어 주셨다. 나의 사역은 정신장애자와 더불어 눈물을 흘리는 어려운 사역이라 같은 사역자끼리 나를 놀려댔다. 공부도 그렇게 많이 한 사람이 병신들만 데리고 사역을 하느냐고 비웃기까지 했다. 그러나 하나님께서 나에게 맡긴 사명이라면 천대를 받아도 해야 되지 않겠는가. 하는 대답으로 나는 자신감 있게 나아갔다. 그러다보니 방문 오는 교회마다 정열적이어 불같은 믿음이 보이는 주의 종이라 하면서 막 밀어주셨다.

박사과정 입학(2008년 3월)

결혼 전 음악 대학 4년 졸업하고 많은 세월이 흐른 후 다시 신학 공부를 시작했고 지금은 신학공부 10년째 칼빈 대학교 대학원 Ph. D 박사과정에 공부하고 있고 정신장애자를 대변과 소변을 매일 씻어주고 닦아주고 기도해주는 사역을 하게 하셨다. 이런 나에게 연단의 시절이 없었다면 감당하기가 어려웠을 텐데 나에게 닥친 불같은 연단의 시간들이 있었기에 감당할 수 있는 능력을 주셔서 감사하기만 했다. 박사과정 입학과 더불어 하나님께서 더 한 축복으로 신학교의 학생 처장교수로 임명해주시고 축복으로 갚아주시는 것을 감사하지 아니할 수가 없다. 비록 시골에서 목회하고 먼 거리에서 다섯 시간을 출퇴근하는 내가 하나님이 기뻐하시기에 나는 최선을 다하며 정신장애자 사역 못지않게 힘이 들고 어려운 점이 한 두 가지가 아니지만 앞으로 주의 종들을 양육하고 가르치고 하나님나라 확장하는 일에 최선을 다하면서 남은 박사과정 공부도 2학기 반이나 남아있고 논문도 써야하지만 하나님께 맡기고 열심을 다하며 주님의 도구 되어 하나님의 일꾼으로 쓰임 받는 정직하고 진실하고 아름다운 종이 되기를 기대해 본다. 엉겹결에 쓴 간증 목회수기가 보는 이로 하여금 은혜 되고 힘을 얻고 하나님나라 건설을 위해 조금이라도 도움이 되었으면 한다. 다듬어 지지 못한 글귀로 시간이 없어서 마무리하는 것이 한편으로는 부끄럽고 늘 나의 부족함을 감추지 못하고 마무리함을 마음 아프게 생각한다. 그러나 하나님께서는 내 모습 이대로 드러내는 것이 영광을 받으신다면 더 말할 나위 없이 나는 위로 받고 앞으로 더 다듬어진 글을 써서 하나님께 영광을 드리기로 소망해본다.

■수상 소감

당선 소식을 듣고 하나님의 계획하심과 하나님의 뜻을 더욱 더 깨닫게 되었으며 하나님은 살아계시고 여러 목회자들의 기도와 축복이 그대로 이뤄짐에 경이로움이 극치를 이뤄간다는 사실을 보는 것 같이 느껴집니다.

부족한 저를 많이 키워주세요. 앞으로도 더 좋은 글을 써서 하나님께 영광 돌리는 삶을 살도록 격려해주십시오. 감사드립니다.

황귀향 : 계명대학교 음대 졸업. 경증 성경전문대학 졸업. 대구 신학교 의성 분교 졸업. 성암, 온누리, 대양교회 전도사 역임. 학동 교회 교육 전도사 역임. 현 계명찬양 교회 담임 전도사, 칼빈대학교 대학원 Ph.D Cand.

■제11회 한국 크리스챤문학상 심사평

기독시 정신 치열성 부재 속의 진경

배 명 식
(시인 · 크리스챤시인협회 회장)

요사이 한 시대의 시적 경향을 배타적으로 규율하는 주류미학이 있는 걸까? 하는 의문이 들 정도로 한국시의 흐름이 안개길 같다는 생각을 해본다. 2000년대에 들어서면서 포스트모던 적 흐름이 강력한 대한 시학으로 '생태'를 노래하거나 '여성' 시학의 약진이 강세를 보였다가 이제 그러한 기능도 침잠해 가고 있는 듯한 추세이다. 한국의 기독 시는 어디로 가고 있는 것인가, 어디로 가는 것이 만유 주권자이신 그리스도 앞에 펼쳐 보일 찬양의 시편이 될 것인지, 실증해 보일 모델은 있는 것인지, 회의와 자책 속에 심사에 임했다.

무엇보다도 먼저 지적할 것은 기독 시 정신의 치열성이 부재하고 거듭난 영혼의 실험적 의욕이 나타나지 않는 기독 시의 공황상태에 들어섰다고 본다. 그것은 기독시가 열매를 맺을 수 있는 토양이 전무하기도 하거니와, 교회가 문화적 대안으로 세상과 소통하는 일은 감히 생각지도 않는 현실 속에서 올 해의 작품들을 볼 때 절망의 골짜기만이 아니라는 것을 일깨워 주었다.

프랑스의 비평가 알랭이 말하기를 "산문이 도보라면 시는 무도이다." 라고 했다. 산문은 일정한 목표를 향해 걸어가는 것이요. 시는 그러한 목표를 가지고 있지 않다는 뜻이다. 그리고 목적지가 있어 거기까지 꼭 가야하는 것이 아니고, 그 자리에서 즐거움을 위해 춤을 추는 것이라고 생각한다. 문학의 획을 시라고 생각한다면, 올해의 문학상 수상 시인들과 신인 문예상 당선 신인들 가운데에는 예년에 볼 수 없었던 기독시가 가야할 새로운 지평을 열어주고 다른 차원의 진경을 보여주고 있다. 그런가 하면 미적 완결성이나, 시 정신의 치열성이 부족한 시인들도 없지 않아 있다. 그러나 시가 논리에 매이지 않고 감성의 성채에서 드러내는 사물과 관념, 그리고 기억과 체험을 보여주고 미학적 지도를 그리고 있다고 할 수 있는 가능성이 돋보였다 할 수 있다. 그러므로 올해의 수상자들은 수상의 영광을 받기에 족한 분들이라 생각 되었다. 이들은 우리의 보다 참된 삶과 행복한 삶을 시에서 찾을 수 있다는 암시와 즐거움을 주기 때문이다. 수상을 계기로 이제까지의 기독시에 대한 열정과 열매로 인해 우리 시대의 새로운 기독시의 지형이 더욱 튼실

해지기를 소망하고 기도해 본다.

시부문 대상 수상자 박몽구 시인의 시집 『마음의 귀』는 상처와 회한이 있는 현실 속에서 서정자의 상실감과 무상감을 드러내면서 음악에 귀를 기울이기도 하고, 영혼의 성숙함과 생의 부드러운 충만감을 드러내는데 일상어를 가지고 어눌하면서도 진솔하게 시편들을 조탁해 나가고 있다.

그는 1977년에 등단한 이후로 12권째의 시집을 상재하였다. 최근에 시집 『봉긋하게 부푼 빵』을 다시 출간하고 그의 시세계가 80년대부터 척박한 삶의 과정을 가열차게 오늘날까지 흘러온 사유를 담고 있다. 현실에서 부딪히는 부적응감이 시인의 상처 입은 영혼을 시어를 통해 형상화해 나가는 과정 속에서 시인은 한없이 평안하고 따뜻해지고 있다. 수상 대표작 『하늘 종지기』는 동화작가 '권정생' 선생의 삶을 그림처럼 그려 놓으면서 가난한 목수의 아들로 성육신하신 예수 그리스도의 삶을 닮은 산 자의 흔적을 추적하는가 하면, 『민통선 마을에 가서』와 같은 시는 아직도 남과 북으로 버려진 반신불수의 섬 같은 한반도의 분단의 현실을 드러내면서 통일의 의지를 다지고 있다. 그러나 그의 시집 속에 드러난 서양고전음악을 소재로 하는 시들이 많은 것은 세속도시의 일상 속에서 자꾸만 속물화되어가는 현실을 넘어 자신을 가다듬고 본래적인 삶을 추구하고자 하는 시인의 구도적인 자세와 관련이 있다고 본다. 이후에 기독교적 세계관을 가지고 더 깊은 사유의 갈망과 시의 승화가 있기를 기대하며 이번 수상이 그의 변함없이 달려온 시력에 격려가 되었으면 한다.

시부문 대상의 이병창 시인은 활력과 개성이 넘치는 시인이다. 크리스챤 신문사가 최초로 시를 모집하던 87년도에 최우수상으로 '갈보리의 노래'를 선정했던 시인으로 그 동안 다작을 하지 않았지만 끊임없이 시의 세계를 이루어 나가는 시인이다. 독특하고 분명한 자기 세계를 형성하고 있다는 점이 주목되고 사유의 폭이 넓고 깊이 있는 구성에서 뛰어난 시인이다. 기독교적 세계관을 지니고 타종교의 깊이를 넘나드는가 하면, 일상 속에서는 삶의 본질을 다루는 투시적 관조와 선명하고 생동감 있는 언어가 인상적이다. 두 번째 시집으로 상재한 『메리 붓다마스』를 대상으로 선정하는 데에 아쉽지 않아 아낌없이 축하의 박수를 보낸다.

시부문 대상의 소의수 시인은 두 번째 시집 『당신의 옷자락』을 선정했다. 시로서 자신의 믿음을 드러낼 수 있음은 축복 받은 일이라 여겨진다. 시인은 복음적인 신앙의 토대 위에 시를 조탁하는데 있어 시가 지닌 간결성과 서정성을 잃지 않고 있다. 더 일찍 누군가가 손을 잡아끌어 주어 문학의 마을에서 대성했어야 할 분인데, 목회자란 본연의 임무가 시의 세계를 소외시키지 않았나 생각한다. 그러나 그 소외 속에서도 성경에 대한 묵상과 일상에서 얻어진 사유의 편린들을 정직한 잘 담아 아름다운 두 권의 시집을 엮었다. 제1시집 『옥합을 깨뜨려』와 제2시집을 상재했는데, 한 편 한 편이 잘 익은 과일을 보는 듯 했다. 제2시집에서 '유월절 어린 양' 은 출애굽의 의미를 현존의 구속사의 의미로 잘 승화시켜 주었다. 히브리 시가 지닌 시공 속의 시간의 개념을 구원의 관점에서 드러냈다고 생각한다. '그 날' 과 같은 시는 시인의 부모님의 장례식을 따라가며 자신의 장례식을 따라올 손자 손녀들의 마음까지 헤아리는 깊이를 보여주었고, '그 날/나는/주님과 함께 낙원에 있을 것이다' 는 확신에 찬 결의가 기독시가 그리는 빛나는 묘미를 잘 드러내 주고 있다. 어떤 소재든지 능란하게 다루며 현란한 어느 미학을 구사할 수 있는 장점을 지닌 시인이다. 이 후의 시를 사랑하는 정진의 길에 더 큰 열매를 거두어 가기를 기대해 본다.

시부문 본상의 단필호 시인의 시집 『귀향』은 다른 시집과 더불어 일상적인 언어로 목회 생활에서 가지는 사유를 풀어내는 시를 끊임없이 쓰고 있다. 아마 매주 교회의 주보에 실리는 시를 모아 책을 엮어내고 있는 것 같다. 수상 시집은 사진과 더불어 요사이 책을 보지 않는 세대를 위한 배려인지 편집이 잘 짜여 져있다. '희망'과 같은 시는 관념어가 가진 단점에도 불구하고 건강한 사유를 잘 직조해 놓았다고 볼 수 있다. 앞으로는 시를 창작하는데 더 무거운 시를 써나가고 평신도들이 도무지 알 수 없는 초현실주의적인 혹은 포스트모던 같은 시대의 흐름을 잘 파악하고 그것을 뛰어넘는 시를 시도하면서 새로운 시의 세계를 이루어 나가기를 주문하고 싶다. 시가 지닌 근본적인 비유와 상징의 세계로 내려가는 가장 모범적인 분이 성육신하신 예수 그리스도라고 생각하는데 앞으로 관념어를 배제하고 조탁되는 시의 세계가 열리리라 믿는다.

시부문 본상의 조규화 시인은 중고등학교에서 국어를 가르치는 교사의 일을 하고 있다. 시집을 여러 권내면서 문단에서도 활발하게 활동하고 있는 것으로 안다. 특별히 신인 문예상을 당선하고 문학상을 타게 된 것을 진심으로 축하드린다. 시인은 신앙과 서정과 어우리는 시 세계를 조탁해 나가는 일도 중요하지만 이론에 너무 치우치지 않고 감성에 의지해서 시를 창작해 낸다는 일이 쉽지 않음을 절감하고 있으리라 믿는다. 시인의 작품은 사물을 포착하고 그것을 내면의 언어로 드러내는 일에 놀라운 재능을 보여 주고 있다.

시부문 본상의 윤승열 시인은 여린 심성과 감성을 지니고 무한한 가능성을 지니고 있는 시인이다. 그러나 시의 진정한 개성은 아직 가늠하기 어렵다. 일상에서 길어 올린 시들은 힘이 있지만, 시를 쓰는 일들과 소통 하던가 날카로운 비판이 있다면 한 단계 더 승화될 수 있는 보석을 지닌 시인이다. 오락실에서 마구 두들겨도 솟아 오르는 두더지 게임처럼 시인의 수상이 지닌 의미를 그러한 가열찬 시세계를 이루라는 의미로 받아들이기를 바라는 마음이다. 시인의 앞으로 행보가 기독시의 일가를 이루는 후일이 있기를 기대해 본다.

본상의 박순자 시인은 기독교적 신앙의 토대아래 내적분출의 소산같은 시를 조탁해 나가고 있다. 맑은 심성에서 내재하시는 그리스도의 은총속에 잠긴 영교에서 비롯된 사유를 풀어 나가고 있기에 기독교 시인으로서 많은 장점을 지니고 있다. 다만 신앙을 드러내는데 한편의 시속에 관렴어가 산재하고 있는 것을 지향하고 더 깊이 시어를 찾는 치열성이 있기를 기대해 본다.

올해 11회째 크리스챤 문학상을 수상하는 시인들은 시적 성취를 이룬 귀한 분들이라 생각되어진다. 저마다 특유의 기량을 지녔다고 보이는데 특히, 대상 수상자인 이병창 시인과 소의수 시인을 선정함에 무엇보다도 자랑스럽게 생각한다. 또한 본상 수상자들이 지닌 개성과 가능성의 도약을 기대하면서 진심으로 축하를 드린다.

■제28회 크리스챤 신인 문예상 심사평

참신함이 돋보이며 비상하는 새들

신인 문예상의 심사에 임하여 무엇보다도 가장 먼저 생각한 것은 참신성이라고 볼 수 있다. 그리고 기독시가 지닌 개성이 작품 속에 체험과 더불어 그 세계관이 내재된 조화와 통일성이 심도 있게 드러나는지를 살펴보았다. 기독교 시인은 영원한 생명과 우주와 세계를 대면하는 자이다. 구속의 사랑과 은총으로 모든 생명 있는 것들과의 소통을 꿈꾸며 정진해 가야 할 것이다. 아직도 개성의 다양성과 기독시의 열정과 조탁의 무게를 지닌 꿈꾸는 시인들이 있어 한국 기독시의 미래는 결코 어둡지 않다. 성경을 통찰하는 깊이와 새로움이, 현존해 놓인 신앙인의 갈등과 환희가 무거움과 가벼움으로 드러나고 감성과 도그마의 경계가 있지만 상상과 현실 속에 소망을 노래하며 확산되는 우리 기독시의 광활한 터전을 그려볼 수 있다. 이번 당선자들은 기독시단의 척박한 토양을 기름지게 하고 앞으로의 시간 속에 더 풍성한 열매를 맺어가는 시인들로 빛나리라 믿어지기에 진심으로 축하를 드린다.

시부문 최우수상의 이다선의 『꽃 지는 저녁에』는 '사랑과 영혼을 노래하는/ 고운 영혼을 만나고 싶다' 는 열망을 드러낸 시이다. 기독시의 한계가 대부분 관념어를 많이 구사하는 것이 흠으로 나타나고 있는데 이다선의 여러 시편도 예외가 아니다. 더욱 갈고 닦아야 될 과제가 남아있지만 투고한 작품들이 많은 다작을 거쳐서 이루어진 산물이라 여겨지고 그 가능성이 돋보였다. 시를 쓰는 일념이 올곧게 느껴지고 신앙시를 쓰는 노력은 삶과 어우러져 구체적이고 실제적인 현장을 그려주고 있다.

시부문 우수상의 박은순의 『은행나무 아래에서』는 자연의 풍광 속에 자아의 성찰을 드러내는 시이다. 투고한 대부분의 작품은 그 완성도가 개성 있고 빛나 보인다. 모두가 빈틈없는 구성과 든든하게 다둑인 시편들이라 할 수 있다. 살아온 삶이 평탄하지 않고 사유 역시 얽히고 설켜 있음을 알 수 있다. 시인은 마음이 가난하여야 승화된 언어의 열매를 딸 수 있다. 이제는 그리스도 안에서 거듭나 새로운 언어의 세계를 찾아 가시기를 바란다. 등단도 하시고 시의 세계로 일과를 이룰 수 있는 기초적 토대가 잘 되어 있어 앞으로의 한국 기독시단의 든든한 일꾼으로 성장하리라 믿어진다.

시부문 우수상의 정연식의 『대추리의 노래』는 유년의 고향을 추억하고 현실의 터전을 상실한 고통스러운 기억을 드러내고 있다. 대부분의 투고한 시편들은 살아온 과거를 반추하고 오늘을 성찰하는 내용을 담고 있다. 깊은 신앙적 사유가 결여되고 있는 것은 시의 기교적 문제라고 여겨지고 독서 양을 늘려가는 치열성이 부족하다고 여겨진다. 신앙언어는 현실의 체험과 성서의 말씀이 어우러진 삶 속에서 표출된다고 본다. 이 후의 천착해야 될 생의 목표를 세우고 정진해 나간다면 대성하리라 여겨진다.

가작수상의 김사철은 『낮은 자세로』 외 다수의 작품은 관렴어가 산재되어 있는 교훈적 잠언과 같은 시를 투고해 왔다. 서정적 감성이 살아 있는 여러 편의 시들도 삶의 연륜에 비해 풋과일과 같은 여린 심성을 드러내 주었다. 그러나 시 수업에 대한 치열한 기교적 훈련이 되어있지 않고 기독교적 세계관을 시어 속에 담아가는 비유와 상징 같은 시가 지닌 고유의 틀을 더욱 답습해 나간다면 늦깍이 시인으로서의 그의 위치를 찾아나갈 것 같다. 수상을 계기로 시의 지평을 넓혀 가서 한국기독시단을 풍요롭게 하는 열매를 거두기를 기대한다.

장려상의 정은애의 『한 사람』은 시가 정갈하고 맑은

심성에서 우러나와 이후에 기독교 시인으로서의 자리매김을 할 수 있는 가능성이 높아 선정했다.

목회수기 부문의 황귀향의 『고향 교회에서』는 과거에서 현재까지 일직선상으로 놓여진 삶을 추적하고 있다. 고향마을의 교회가 없었던 유년시절에서부터 자신이 성장하여 성악가의 길로 가는 노정에서 고향마을로 돌아가 교회를 세우고 목회자의 일을 성취하기까지의 과정을 잘 그려주고 있다. 그러나 목회수기에서 흔히 보는 척박한 현실의 고통과 아픔을 그려나가는 데 있어서 그 현장감을 피부적으로 느낄 수 있는 사건 전개가 부족하다고 느껴졌다. 이후에 작품을 더욱 손질하여 신앙적 깊이와 함께 삶의 의미를 성찰하는 눈부심을 기대해 본다.

당선자 모두가 이번 시상을 계기로 작품의 양과 질을 높이고 한국 기독교 문학의 초석을 이루어 나가는 일에 더욱 정진해 주시기를 당부 드린다.

■선정 및 심사위원

김규동 (시인, 한국작가회의 고문)

1925년 함경북도 종성출생. 1944년 경성고등보통학교를 졸업하고 1947년 연변의과대학을 수료했으며 1948년 김일성대학교를 중퇴했다. 1948년 『예술조선』 신춘문예에 시 『강』을 발표하며 문단에 나왔다. 초기의 문명비판적인 시세계이래 담박하고 순정한 언어로 분단현실에 대한 통한과 통일에의 열망을 노래해왔다. 시집으로 『나비와 광장』, 『현대의 신화』, 『죽음 속의 영웅』, 『깨끗한 희망』, 『오늘밤 기러기 떼는』 등과 평론집으로 『새로운 시론』, 『지성과 고독의 문학』, 『어두운 시대의 마지막 언어』 등이 있다. 자유문인협회상 · 은관문화훈장을 수상했다

배명식(시인, 크리스챤신문사 편집위원)

1954년 광주광역시 출생, 총신대학교 신학대학원 졸업. 미국 트리니티 신학대학원 졸업, 신학석사, 목회학박사과정 수료, 「현대문학」, 「문학과의식」 신인상(93)으로 문단에 등단, 크리스챤 신문사 신인 문예상 시부문 당선(87), 소설부문 당선(93), 문학세계 소설 당선(94).

시집 『다른 하늘을 그리며』(90), 『사랑하기 위해 서 있는 나무』(93), 『바위사이 작은 꽃망울 하나』(93), 『가끔씩 반어법을 쓰고 있다』(94), 『밤거리에 아름다운 나

무』(97) 등.

· 수상집:『마음을 열어주는 102가지 이야기』.『마음을 열어주는 120가지 지혜』,『마음에 감동을 주는 이야기』

· 설교집: 『중동사태』, 화집「배명식 작품집」(93), 안성시인들(2002)

· 수상:서울시인상(96) 한국크리스챤시인상(97), 미국에피포도문학상(97), 허균문학상(2000), 문학21문학상(2001), 국제 문화예술상(2006), 서울시민600인협회상(문학부문 2007). 현재 청도원동교회 담임목사

임종권(시인, 크리스챤신문사 편집국장)

55년 전북 옥구에서 출생. 전주 신흥고등학교를 졸업하고 서울 숭실대학교 사학과를 나와 같은 대학원에서 프랑스 근대사를 전공 박사과정을 수료했다. 현재 숭실대학교에서 강의하며, 크리스챤 신문사 편집국장으로 재직하고 있다. 96년 월간『순수문학』신인상으로 등단 이후 솔잎 동인 시집「빈 껍질로 포장 된다」, 시집「기다리는 사람에겐 영원한 헤어짐은 없다」,「전주시가도」,「바람에게 띄우는 편지」

정려성(시인, 대한기독교서회 이사장)

1939년 전남 화순에서 출생. 호남신학대학교 졸업 , 장로회 신학대학 졸업. 전남일보 신춘 문예 시 부문 당

선(70), 월간 「한국시」로 등단. 시집 「바람집」(80), 「어떤 연가」(93), 「원죄이후」(99)

선정주(시인, 현대시조 주간)

경남 고성에서 출생. 부산 고려 신학교 졸업. 시조 문학(70)으로 문단에 등단, 한국 문인 협회 이사 역임. 펜 클럽 회원, 크리스챤 문학가 협회 회원

현대 시조 문학상, 신문예 문학상 수상, 한국크리스챤 문학상 수상.. 계간 현대 시조 주간. 시집 「겨울 청산도」, 「겨울 중랑천」, 「겨울 삼십년」, 「겨울 처용무」, 「비시」 등 상재.

한국 크리스챤 시인협회

714-800 경북 청도군 청도읍 원리 145번지 원동교회 배명식 목사

☎ 054) 371-5326 H.P 018-272-5447

E-mail : Suknam5447@hanmail.net

■수상 작품론

한국 크리스챤문학상에 비친 시적 특성

채 수 영
(문학비평가)

1. 종교와 시

아름다움에서는 착한 미감(美感)을 느낀다. 시는 궁극적으로 아름다움을 일깨우는 일이라면 종교와 예술은 명칭에서의 차이를 가질 뿐, 본질에서는 크게 어긋난 궤도를 갖는 것은 아니다. 그러나 절대성의 문제에서 차이가 있다. 종교는 절대의 구분이 있지만 예술은 절대성을 갖지 않았다는 차이로 구분할 수 있을 것이다. 특히 시는 애매성(ambiguity)이라는 점-한용운의 님이 하나의 이름으로 정해진 것이 아니라 조국이거나 부처 혹은 사랑의 대상일 수도 있는 점에서 시적인 특성이 있다. 그러나 종교는 하나의 명제에서 결코 벗어날 수 없다는 점에서 차이가 엄존한다. 다양성에서 추구되는 아름다움은 필연적으로 조화미를 요구한다면 종교는 조화와는 다른 길을 제시한다는 의미이다.

그렇다면 이 둘의 결합은? 다시 말해서 종교인이 시를 쓴다면 어떨까라는 점이다. 결론부터 말한다면 종교적인 마음을 더욱 상승시킬 수 있다는 점에서 바람직한 일이다. 그러나 시를 쓴다는 것은 매우 지난(至難)한 일이다. 첫째는 시를 쓰기위해서는 시적인 장치를 습득하는 것--글쓰기에서 가장 고급한 행위에 속한다. 즉 함축이라는 언어 운용에서 오는 비유와 상징 혹은 알레고리 등을 이해한다는 것은 언어의 정점을 이해하는 노력이 절대적이어야 한다. 심금을 울리는 설교는 언어의 결합에서 오는 감동을 대입하면 쉽게 이해가 된다. 둘째는 시를 생각하는 것은 진실의 옷을 입어야 한다. 진실만이 감동을 줄 수 있는 이유에서이다. 세 번째는 시인이라는 이름에서는 욕망이 앞서지 않고 오로지 미적(美的) 감수성을 생각하는 데서 겸손한 사람이 될 수밖에 없다. 이런 이유를 합하면 시인이라는 명칭과 종교인이라는 결합은 정서의 상승을 가져오는 전달에서 탁월 할 수 있을 것이다. 특히 응축적인 메시지 전달에서 시인의 언어 운용의 기교는 좋은 이미지를 생산할 수 있다는 결론에 이른다.

2-1. 박몽구의 인간의 소리 찾기

메시지를 전달하는 기교는 방법에서 다양하다. 음악가는 리듬을 통해 자신의 사상을 전달하는 기교를 습득하고, 미술은 선과 색채를 통해 스스로의 언어를 창출한다. 신의 음성을 전달하고 감응하는 것도 이처럼 다양성 속에서 일관된 생각의 줄기를 세울 수 있다면 그는 매우 뛰어난 평가를 득할 수 있을 것이다. 박몽구의 시에는 T.S.Eliot가 말하는 '종교시는 3류시다' 라는 명제가 적용되지 않는다. 왜냐하면 절대성 속에서 자유를 구가하는 모습을 발견할 수 있기 때문이다. 시는 정신의 자유를 찾아 방랑하는 행위가 본질이다.

> 30년이 넘게 종교처럼 여기며 살아온 시는 제 삶의 길이 흐트러질 때마다 채찍을 아끼지 않았습니다. 때로는 벗어나고픈 천형이었습니다만, 시가 있었기에 물질과 세속의 권력만이 두드러지는 세상 속에서 이나마 저를 지켜올 수 있었습니다.첫걸음을 딛는 마음으로 다시 시 앞에 앉는 오늘, 때묻지 않은 이 상이 저의 시 생애에 큰 나침반이 될 것입니다. –「수상 소감」 중

어려움을 말하는 비유로 '종교처럼' 과 '시' 가 하나로 결합하여 자기를 지키는 중심이 될 수 있었음을 말한다. 다시 말해서 삶이 흔들릴 때마다 손을 잡아주었고, 스스로를 지킬 수 있는 울타리의 역할이 시(詩) 라는 기둥의 식을 갖고 있다. 다시 말해서 시로 삶의 어려움을 극복

할 수 있는 빌미가 되었다는 고백이다.

인간을 추구하는 것을 철학이고 인간을 노래하는 것은 시이다. 박몽구는 인간의 체온에 갈증을 느끼는 시인처럼 보인다. 달리 말하면 휴머니즘에 갈증을 느끼는 시를 추구한다는 뜻이다. 휴머니즘은 문학이 지켜야 하는 영원의 명제라면 시 또한 거기에 복무할 임무는 당연한 설정이지만 항상 갈증을 느끼는 이름이 휴머니즘이라는 어휘로 귀속한다--박시인은 적절한 비유로 다가온다.

몰염치하게 아랫목을 내주지 않던 꽃샘추위
기별없이 핀 산수유 향기 한 올에
서둘러 무거운 몸 감추는 걸 보았는가
제 몸 하나 눕히기에도 빠듯한 골방이면
얼마나 다행한 일이냐고
다 읽은 책에 먼지 앉기 전에
먼 바다 그리운 아이들에게 나눠주면
다음날 새벽은 얼마나 환하겠느냐고
남 앞에 감을 다 놓아 버린
안동 산골짝 교회의 종지기 앞에
세상의 부자들은 너무 남루하다
낡은 혀파로 치는 그의 종소리에
가난한 창마다 갓 구운 빵처럼 지펴지는
불빛 나눠 갖는 마을은
이불을 장만하지 않아도 따스하다

-「하늘 종지기」 1연

'꽃샘추위' 라는 거대한 세력이 한 올의 '산수유 향기' 에 쉽게 무너지는 비유는 매우 함축적이다. 겨울은 쉬이 무너지지 않는 위력을 가지고 세상을 장악한다. 언제 물러갈지 모르는 절망이 가로 놓이고 어둠의 심연에서 방황과 아픔이 키를 늘이는 참혹한 처지가 한 올의 향에 의해 세상이 변해버리는 놀람은 상징의 칼날이 되어 비수(匕首)가 된다. 그렇듯이 시의 행로는 안동 산골짝 종지기의 비유가 나선다. '남 앞에 감을 다 놓아버린' 에서 세상의 가치를 오로지 남을 위해 헌신하는 가난한 선행 앞에 낡은 허파로 치는 종소리는 세상의 가슴을 녹이는 구실을 한다. 때문에 '이불을 장만 하지 않아도 따스하다' 는 행위는 인간에 대한 사랑이 부자가 가진 물질로 행하는 것이 아니라, 가난하지만 따스함을 전달하는 마음에서 비롯되는 휴머니티의 인간상이 세상을 녹인다. 넉넉하게 가진 자의 손짓보다 오히려 가난한 자의 마음에서 우러나는 한줄기 따스함이 오히려 거대한 에너지를 발산하는 이유--산수유 한 올에서 매서운 겨울이 물러나는 이치와 같아진다. 하늘을 지키는 종소리가 아니라 인간사를 지키는 위로의 소리가 되어 힘겨운 사람을 위무(慰撫)할 때, 신의 손길은 거기 축복으로 깃들 것이라는 박몽구는 그런 마음을 가진 시인이다.

2-2. 이병창의 마음 엿보기

시는 자신의 마음을 비유로 나타내는 이름이다. 그러

나 자기의 마음을 전부 노출 시키는 마음은 이미 자신의 마음이 아니다. 항상 숨겨진 속에서 드러나는 마음의 행로에는 진실 같은 함량이 들어있기 마련이다. 인간은 은신 속에서 자기를 찾는 속성이 있기 때문이다. 시는 감추는 일이 다반사이지만 결국 드러나는 일은 비유의 껍질을 벗기면 심리적인 흔적(Trauma) 앞에 시심은 길을 만들기 때문이다. 그렇다면 길이란 무엇인가? 노자의 도(道)는 무려 76회나 등장한다. 그리고 도는 만물의 어머니라는 개념으로 진술한다. 이는 추상적인 개념이고, 경상도 전라도 혹은 삶의 길 등 다양한 이름으로도 길은 나타난다. 사는 일--이는 길을 가는 일이다. 철학은 거기서 길을 넓히고 문학은 거기서 인간의 노래를 부른다.

처음부터 길이라는 것이
있었겠는가
내가 가고 사람들이 가다보면
길이 되는 것이지.
처음부터 외로움이 있었겠는가
외로움도 자꾸만 외로워하고
알아주다 보면
깊은 병도 되는 거겠지
외로움은 길과 같은 것
오늘 같이 햇볕 좋은 날
이제는 그 길을 접고
또 다른 길 하나 걸어보면 어떨까
이승의 길들처럼 수많은

그대 가슴 속의 길들 중에서

–「길」 전문

길은 만들어지는 것이다. 짐승이 가면 짐승의 길이 되고, 바람이 가면 바람의 길이 된다. 이처럼 길은 일정한 도식에서 만들어지는 것이 아니라 되풀이 되면 거기서 길이 생성된다. 미답(未踏)의 땅에서 먼저 가는 사람에 의해 길은 만들어지고 또 길은 문명으로 통한다. 왜냐하면 앞 사람에 위한 정보가 뒤로 전해지고 이것이 축적되면 길은 곧 문명으로 이어진다. 「길」은 R.Frost의 The Road not taken을 연상한다. 길이 길에 이어지고 선택하지 않는 길을 선택해서 다시 걸을 수 있다면의 가정은 결국 또 다른 길에 대한 상상으로 끝 날 수밖에 없기 때문이다. 그렇다면 오로지 자기가 선택한 길에 헌신하는 것이 인간이 마련하는 운명적인 선택일 것이다.

길은 선인들에 이어지는 점에서 전통이라는 개념을 낳는다. 전통은 지켜지는 수단으로 할 때 문화의 개념을 윤택하게 하다는 점에서 '햇볕 좋은 날' 의 길을 상상하는 시심에는 그대에로 향하는 유추의 길이 떠오른다.

내 살로 가리어진 골수 속에서
이제는 숨어 계시더니
오늘 당신은 낡은 고무신으로
웃고 계시는군요.
숨바꼭질의 명수

말릴 수없는 장난꾸러기
나는 빛의 바다를 춤추는
단 하나의 몸
당신을 찾는 재미로
오늘은 즐겁습니다

—「기도」

이병창의 마음은 가볍다. 다시 말해서 심각하게 신을 부르고 찾는 것이 아니라 마치 할아버지를 부르는 손주의 마음처럼 부담스럽지 않다는 뜻이다. '낡은 고무신'의 뉘앙스는 그런 이미지를 덧붙이면서 친근미를 남긴다. 숨바꼭질--수많은 사람들이 찾았지만 다시 수많은 사람이 찾는 대상--이는 '당신을 찾는 재미로 /오늘은 즐겁습니다' 에서 이병창의 '찾음' 은 일종의 재미가 될 때 부담스러운 일이 아예 없고, 숨바꼭질조차 즐거운 결과로 다가든다. 대부분의 종교인들이 무겁게 주인을 찾는데 반해 이병창은 일상의 현상으로 돌리는 재미에서 한층 친근함을 남기는 기교 -이도 기교의 일종이다. '숨어 계시더니' 의 대상이 '숨바꼭질의 명수' '말릴 수 없는 장난꾸러기' 를 찾아 나선 시인의 모습에서 심각성보다 깊은 의미의 명패를 접하는 안도감을 느낄수 있기 때문이다. 이는 일상의 골목에서 흔히 만나는 대상으로 설정된 놀이와 같은 비유로 시를 살아나게 하는 묘미의 시인이다.

2-3.소외수의 영혼을 건지는 시심

시가 닿는 마지막은 인간의 영혼에 이르러야 한다. 왜냐하면 감동은 영혼의 깊은 곳에서 울려나오는 소리이기 때문이다. 문학이 감동을 주는 이유도 이런 근거에서 목표를 설정할 수 있다. 그러나 시는 영혼을 구제하는 임무를 주로 하지는 않는다. 그러나 종교는 영혼의 구제에 근본이 있기 때문에 무겁고 심각한 표정을 만들어야 한다. 소외수의 시는 그런 쪽에 가까이 시의 자락을 깔고 있다. 그만큼 철저한 종교의 본질에 있음이라는 뜻이다.

여기 저기 쓰러져 있는 영혼이 있다
탈진한 영혼
사명의 길을 더 이상 걸을 수없는 영혼
로뎀나무 아래 쓰러져 있다

–「로뎀나무 아래에서」 중

시는 대상의 이미지를 건져 이미지와 이미지의 결합이 한 편의 시가 된다면 직접적이 아니고 간접적인 방법이 시의 의미전달 수단이어야 한다. 엄정하게 사설을 제거하면서 의미의 부각을 위해 진력하는 뜻이라면 설교는 이와 다를 것이다. 설교에는 의미를 사실에 근거하고 감동을 주는 말의 전달이기 때문에 직접적이고 우회적인 방법이 없다. 그러나 시는 항상 자기를 은폐-이를 낯설게하기라는 절차를 갖추지만 의미의 생성에서는 언어기교를 갖추기 때문에 은유나 상징 등의 방편이 오로지 주요 임무가 된다. 그러나 설교 또한 상징과 비유를 사용하지만 시와는 다른 강도로 대사의 행위에 강조(强調)하기 위한 장치를 사용하는 점에서 근본적인 비유의 사용이 있음이다. '여기 저기 쓰러져 있는 영혼이 있다'의 지친 영혼을 위해 대속자 예수는 33세의 일생을 투척했다. 나를 위해서가 아니라 오로지 구원의 메시지를 위한 일념 때문에 고통속에 신음하는 구원하는 빛이 되신 것이다. 이런 길을 흠모하고 따르는 소외수의 정신속에는 오로지 경건(敬虔)과 경외의 정서가 응축된 시로 집약되려 한다. 「당신의 옷자락」에서도 그렇고 「상처」, 「보혈의 샘」 등 모든 정서가 오로지 예수의 틀에 담겨있다. 그러나 여기서 소외수의 시는 설교에 머무는 한계에 직면한다. 대상을 표현하는 시적 언어는 대상과 의미가 멀면 멀수록 신선감을 줄 수 있기 때문이다. 다시 말해서 원관념과 보조관념의 사이가 낯설면 낯설수록 의미의 결합은 신선한 것–이를 달리 말하면 언어의 폭력적인 결합–시는 이런 언어를 요구한다.

> 슬픔의 긴 역사를 표현하기 위해서는
> 텅 빈 문간과 단풍잎 하나
> 사랑을 위해서는
> 기우는 풀잎들과 바다 위 두 개의 불빛
> 시는 무엇을 의미하는 게 아니라
> 다만 존재할 뿐이다

(For all the history of grief
An empty doorway and a maple leaf
For love
The leaning grasses and two lights above the sea
A poem should not mean
But be.)
Archibald Macleish

아아치볼드 매클리쉬의 「시법」(Ars poetica)이라는 유명한 시 쓰는 법을 가려쳐 준 시이다. 구구절절 설명하기 보다는 독자가 감각으로 이해 할 수 있는 비유가 들어 있다. 슬픔을 표현하기위해 '텅 빈 문간' 과 '단풍잎 하나' 에서 아픔을 느끼는 독자도 있고, 지나치는 사람도 있을 것이다. 그러나 텅 빈 문간에서 즐거움을 느끼거나 단풍잎 하나에서 행복을 운위(云謂)하는 독자는 없다. 이미지와 이미지의 결합으로 다만 '존재' 한 실재를 떠 올리게 표현하면 그 시는 성공적이게 된다.

일평생 당신의 발자국 따라
걷겠다고 서원했는데
아무리 힘써 따라 걸어도
당신의 모습 저 멀리 걸어가고
당신의 발자국이 더욱 희미해져 갑니다

–「발자국」 부분

모범 답안을 찾아가는 힘겨운 모습을 자책하는 의미를 갖는다. 이는 그만큼 거대한 존재에 대한 발자국을 따라 걸으려는 작심에 대한 열정 때문에 느끼는 피로현상일 것이다.

원숙으로 가는 길에서 느끼는 착시현상은 이런 경우에 직면할 때가 있다. 그러나 다시 마음을 곧추세우고 흠모의 길을 갈 때, 어둠은 걷히기 마련이다. 또 어둠이라는 미망이 없다면 오히려 내용의 충실을 기할 수 없기 때문에 고난은 때로 신선하게 길을 걸을 수 있는 에너지원이 될 수 있을 것이다. 소외수는 예수의 길을 충실히 따르기 위해 오로지 일념의 불꽃을 추적하는 모습의 사도의 근엄한 모습이 보인다.

3-1. 단필호의 사랑과 불빛 따라가기

사랑은 여러 갈래의 의미로 분기(分岐)한다. 우정도 사랑이고, 이성간의 사랑이고, 인류를 구원하는 것 또한 커다란 사랑--아가페적인 사랑이야 말로 구원의 메시지가 함축된 상징이다. 단필호는 사랑에 대한 갈구로 시작해서 사랑 찾기에 열성을 다하는 시심을 진행한다.

그대는
세상 사랑 때문에
마굿간에 내려와
노숙자가 되고
노동자가 되고

못된 놈 소리 들으면서도
잠 못 이루는 사람 곁에
뜬 눈으로 밤을 지새우신다

-「예수」 부분

물론 '그대'의 지칭은 예수다. 예수는 오로지 사랑이라는 헌신을 위해 자기의 모든 것을 바치는 행동에서 사랑의 충만이 이루어진다. 마굿간의 탄생으로부터 낮은 자세를 운명으로 타고 났기 때문에, 노숙자도 될 수 있고, 때로는 노동자가 될 수도 있고, 또 당시엔 이방인의 설움을 겪으면서도 오로지 인간을 사랑하는 것으로 짧은 생애를 살았다는 목표의 위대성-쉬운 일인 듯이 보이지만 이를 실천하는 일에서 어려움이 당도한다. 마치 말로는 모두 쉽게 이행할 수 있지만 실재로 행동에 옮기는 일-노동자가 될 수 있다는 것 혹은 노숙자의 행색으로도 인간의 사랑을 위해 자기를 버리는 일은 얼마나 어렵겠는가, 때문에 단필호는 매우 평범한 비유를 동원하여 사랑의 실천이 지난(至難)함에 대한 '내 속에 영으로 살아계신' 그대를 향해 절절한 보행을 다짐한다.

낮은 자세는 때로 비굴할 수 있고, 오만은 때로 비극의 함정에 빠질 수 있지만 예수의 생애가 위대한 것은 목표에 대한 가치--사랑을 모두에게 나누어 주려는 낮음은 쉽게 감동을 줄 수 있고, 오만한 자에게는 칼로써의 징계가 아니라 오히려 사랑의 따스함을 감쌀 때, 감동의 누선(淚腺)은 빠르게 전파될 수 있다는 교훈은 한국 기독교의 무거운 짐--화려하고 높은 건물 속에 진실한 사랑의 실천에 갈등--자기만을 위한 아집의 포로가 된 현상에서 얼마나 자유로운가에서 사랑의 자유는 깃발을 날릴 수 있을 것이다.

3-2. 윤승열의 사물 바라보기

시는 역설의 방법을 사용하면서 의미를 강조한다. 가령 '사월은 가장 잔인한 달'이라는 시에서 잔인(Cruellest)은 '가장 위대한'의 역설적인 의미다. 이는 사월이 되면 어둠의 잔인한 겨울을 뚫고 화려한 꽃을 피운다는 생각에 이르면 그 표현의 묘미는 신선하다. 윤승열의 시는 역설이나 비유에서 시적인 맛을 우려낸다.

이별의 아픔보다
그리움의 고통이 더욱 진한데

만나지 못해 그리운 사람
만나도 그리운 사람

심장을 자르는 듯
심장이 터지는 듯
이 아픔 보듬어 안고
병원에나 가볼까나

진단명

그리움 과다증
처방
그리움 죽이는 약
치료결과
그리움과 아픔의 사라짐

그래도
그리움이 없는 사람은
짐승 같아서

숨 막히는 증상으로 괴로워하며
오늘도 많이 많이
그리워하며 사네

—「그리움 과다증」

그리움이란 사랑으로 가는 전초의 증상이다. 사랑은 우회할 때, 비로소 아름다워지기 때문에 아픔을 참고 인내하면서 그리움을 찾아 길을 터벅일 때에야 비로소 사랑의 소중함을 느낄 수 있게 된다. 막바로 사랑에 이르면 결코 사랑의 가치와 소중함을 인식할 수 없다는 점에서 고통은 때로 치료의 즐거움을 줄 수 있다. 만약 고통이 없이 댓가를 얻는다면 그것은 가치가 아니라 오히려 독약처럼 해악을 남기는 결과가 된다. 인간의 속성은 어려운 일이 직면하면 지혜를 동원하지만 안락이나 나태의 늪에 빠지면 결국 자기를 잃고 망각하는 불행에 직면하기 때문이다. 윤승열의 시적 비유에는 교훈으로 가는 길이 넓은 특징이 있다.

3-3. 조규화의 부드러운 이미지 구축술

누구나 신봉하는 국어사전에서 '자기를 낳은 모친' 을 어머니라 설명 한다. 과학적인 표현이란 그처럼 무미건조하고 맹랑한 것이다. 또 다른 예 물-- '산소1과 수소2의 결합물' 이 물이다. 그러나 시에서 사막에서 찾는 물이나, 고향에 고향의 품속인 어머니라 표현하면 시적 표현미의 아름다움이 드러난다. 시는 우리 일상에서 그렇게 작용하지만 이를 간과하는 과학찾기의 허구에서 세상을 살벌해진다. 시가 필요하고 시가 인간을 정화하는 공기와 같다는 가치의 개념은 이렇게 간절하기 때문에 우리 곁에서 손짓하는 이름-시가 된다.

노을 비낀 언덕
들국화 몇 송이
잠시 물들었던 금박을 푼다

금박을 풀고
찬 서리에
오들오들 떨며 지새운 밤

향기로는 불러 낼 수없는
체온
빙점의 눈금으로 새기며

별이나 꿈꾸어 볼까
꿈꾸며 별이나 될까

－「들국화」

세상은 어둠과 벽이 가로놓였기에 이를 벗어나는 것으로 꿈을 삼는다. 그러나 힘으로가 아니라 향기로 혹은 작은 모습으로 다가드는 것-가을을 아는 것은 비단 하늘만이 아니다. 들국화 한 송이의 모습이나 향기에서 가을은 이미 중심에 있음을 알기 때문이다. 자연은 누가 말해주지 않아도 자연스런 순환으로 봄, 여름, 가을, 겨울의 깨우침을 준다. 누가 봄이 오라고 해서 왔던가를 물으면 당황해진다. 이는 동양사상의 중심은 자연스런 운행의 질서를 꼽는다. '금박을 푸는' 상징의 근저에서 가을은 이미 향기로 채워져 있고, 계절은 어김없이 차가운 냉기를 줄지라도 '향기로 불러 낼 수없는 /체온'을 감내하면서 별이나 꿈이 고귀한 이미지로 일어선다. 부드럽기 때문에 강하고 강하기 때문에 부드러운 조규화의 시는 들국화향기에 묻히는 정서가 된다.

3-4. 박순자의 의식의 정화

시는 의미와 소리가 어우러진 하모니를 이루는 세계의 구축이다. 그러나 소리와 의미를 통해 자기정화의 순수를 향한 집념은 시의 가장 고귀한 몫이라면, 시는 종교의 문을 넓게 하는 비유로 살아나야 한다. 버리면 얻고, 얻으면 다시 비워야 되는 세상의 이치가 담겨지는 시에서 상징이나 은유의 몫이 지대한 이유가 거기에 있다. 문자로 축약하는 표현미는 궁극적으로 자기를 나타내는 아름다움의 의상을 입는 일-시인은 그런 임무로 자기를 나타낸다.

내 가슴에
고운 당신 계셨음에도
내 입술 순간 깨끗지 않았고

내 안에 계신 당신께
사랑을 고백한 순간에도
내 마음 누군가를 미워했으며

당신께서 계신 곳
탁류 흐르고 가시 돋아
탄식하시는 음성 듣지 못하니

내 영혼의 눈물
심령 골 수 씻고 또 씻고
눈과 입술 부패한 마음 씻으니

내 영혼 가득
맑고 깨끗한 안식처로
당신과 함께 걸어갑니다

-「내 가슴에」

동반의 길에는 의지하는 마음이 대동된다. 박순자의 정서는 절대의 대상 앞에 몸을 낮추는 겸손과 넓은 사랑에 감사하는 마음으로 자기를 돌아보는-- 정화(淨化)하려는 마음이 고통처럼 앞선다. 이런 고통은 결국 자기 찾기의 수단이 되면서 언젠가 깨우침의 동산에 이를 수 있는 공고한 마음이 정리된다. 깨끗한 낙원을 찾아가기 위해서는 스스로의 마음이 우선 낙원을 건설하는 의지가 있어야, 찾아갈 수 있고 도달 할 수 있는 길이 열리기 때문이다. 신념은 길이 될 수 있고, 길은 곧 소망으로 길을 만들기 때문이다. 이를 위해서 시인은 '씻고 씻고' 의 반복에서 자기정화의 방법을 터득했기 때문에 '안식처' 의 영원한 공간으로 찾아갈 수 있는 '당신과 함께 걸어갑니다' 에의 동행이 달성되는 길이 열린다. 순수한 시인 박순자의 고백은 아름답다.

4. 에필로그-여적으로

시는 영원한 신기루라고 한다. 붙잡을 수 없고 또 붙잡은 것 같으면, 이내 공허로 달아나는 모습에서 시는 영원한 미지의 대상이라는 점이다. 종교의 대상 또한 시와 같은 모습을 보인다. 시를 독점한 시인이 유사 이래 없고, 예수를 독점한 신자가 유사 이래 없다는 사실에서 찾아 나서고 배회하고 갈구하는 이름-시와 종교는 밀월관계를 유지한다. 그러나 둘의 특성은 현격한 차이에서 다르지만 본질로 돌아가는 길은 다양할 수 있으니, 순수와 질박(質朴) 그리고 투명한 아름다움에 헌신하는 경외(敬畏)의 마음에서는 일치할 것이다.

이상은 한국 크리스챤 문학상 대상 수상자인 박몽구, 이병창, 소외수의 시와 본상의 단필호, 윤승열, 조규화, 박순자의 시를 접했다. 그러나 신인 문예상의 이다선과 박은순, 정연식, 김사철, 정은애의 시에는 에스프리에 담겨진 시적 묘미가 인상적이었고 목회부문의 황귀향의 기록에는 진솔한 이해에의 길이 감동을 준다. 지면상 신인들의 언급을 줄이는 아쉬움을 다음 기회로 남긴다.

채수영 ; 시인. 문학평론가. 동국대 국문과와 동 대학원 석사 과정 수료 후 경기대 대학원 박사과정을 수료했다. 문학박사. 시집으로 『장자의 사막 횡단법』 외 11권. 저서로 『한국문학의 거리론』 등 다수 상재했다. 조국문학상, 한국비평문학상 등 수상. 신흥대학문예창작과 교수. 한국문학비평가협회 명예회장. 국제펜클럽 이사.

하늘 종지기
-2008 한국 크리스챤문학상 수상 작품집

찍은날 2008년 8월 10일
펴낸날 2008년 8월 15일
엮은이 한국 크리스챤시인협회
펴낸이 박몽구
펴낸곳 도서출판 시와문화
주 소 (431-080) 경기 안양시 동안구 호계동 767-2
서부인터빌 101동 203호
전 화 (031) 452-4992
E-mail poetpak@yahoo.co.kr
등록번호 제2007-4 (2007년 2월 13일)

ISBN 979-89-959255-3-9(03810)

정 가 8,000원